Z. 1388.

Y. 3866.

17209

LES
Véritables motifs de la Conversion
DE
L'ABBÉ de la TRAPPE,
avec quelques reflexions sur sa Vie
& sur ses écrits

Ou Les

ENTRETIENS

de Timocrate & de Philandre

Sur un livre qui a pour titre,

LES
S. DEVOIRS

De la Vie Monastique.
Par M. de Larroque

A COLOGNE
Chez PIERRE MARTEAU
M. DC. LXXXV.

PREFACE

IL faut avoüer que c'est une terrible chose que la destinée, & qu'il y a de certains malheurs qu'on ne peut éviter quand une fois nôtre étoile prend party contre nous. Il n'en faudroit point d'autre preuve que celle que nous en fournissent les Autheurs de ces deux dialogues, si on n'en estoit pas convaincu d'ailleurs. Jamais hommes n'ont eu tant d'aversion d'estre imprimez que ceux là. Leur chagrin va mesme jusqu'à l'excez sur cette matiere, puisqu'il va jusqu'à souhaiter comme autre fois Néron quand il fallut signer la condamnation d'un criminel, de ne savoir point écrire, de peur que l'envie ne leur prenne un jour de faire un livre. Cependant les voicy sur les rangs & à present autheurs par un coup assez inopiné pour eux, & qui merite d'estre raconté.

Il

PREFACE

Il y a quelques mois que le feu prit à Paris dans une maison du faux-bourg St. Germain, mais avec tant de violence qu'on fut sur le point de la faire abbatre afin d'arrêter la flame qui alloit gagner les edifices voisins. Dans cette apprehension le maître du logis fit enlever precipitamment ses meubles, & sur tout ses papiers. On les jetta en monceau dans une grande corbeille, mais comme elle n'estoit point couverte, il en tomba par hazard un rouleau qui fut relevé par Mr. de..... pendant qu'on la portoit, & qu'il alloit pour la faire mettre en lieu de sureté. Ayant jetté les yeux dessus en le ramassant il y lût ce titre, *Diverses Critiques.* Cela joint avec la connoissance du caractere luy fit naître une curiosité qu'il résolut de satis-faire en tems & lieu, & pour cet effet il mit ce papier dans sa poche.

Le bon ordre qu'on apporte à Paris pour arrêter le feu, ayant réussi sans qu'il

PREFACE

qu'il y eût qu'un côté de la maison brulé, on y remporta tout ce qu'on en avoit tiré, hormis le rouleau dont il est question. Quand Mr. de….. fut de retour chez luy, il s'enferma dans son cabinet pour voir ce que c'estoit que ces Diverses Critiques. Il y trouva d'abord plusieurs reflexions sur les ouvrages du tems, mais plûtost en remarques qu'en discours suivy, qui faisoient voir quelles avoient esté faites par un homme qui avoit de l'esprit & du bon sens. Apres avoir bien feuilleté & avoir trouvé de tems en tems des choses qui luy plaisoient, il tomba enfin sur les Dialogues contre l'Abbé de la Trape. Cela redoubla sa joie, car n'estant pas fort attaché à ce nouveau saint, il se fit par avance un plaisir de savoir qu'on avoit trouvé à gloser sur un livre où l'on attaque la moitié du genre humain. Il les lût avec une extrême avidité, & même en fut assez content, quoy qu'il y vit des endroits qu'il n'approuvoit pas. Il m'en parla d'une maniére

PREFACE

re à me faire souhaiter de les voir, je les luy demanday, & il me les prêta à charge de restitution, la condition estoit trop juste pour la refuser, ainsi je luy promis. Mais quand je les eu lus je pensay plûtost à les faire imprimer qu'à les rendre. Je trouvois même mon dessein dautant plus raisonnable que je vangois par là un nombre infini de Religieux outragez, & que d'ailleurs cela venoit tout à propos pour opposer à une nouvelle edition qu'on venoit de faire du livre, de l'Abbé de la Trape. Je crus que l'honnêteté m'engageoit à ne pas exécuter mon projet sans en parler à celuy qui m'avoit prêté l'ouvrage, c'est pourquoi je luy fis part de mon dessein, mais comme je vis qu'il ne l'approuvoit point, je détournay la conversation et après avoir achevé ma visite je m'en retournay chez moy. Je pensay alors à toutes les raisons qu'il m'avoit alléguées, mais ne les trouvant point assez fortes je resolus de faire un coup de ma teste, & j'en trouvay bien tôt l'occasion. Un de mes amis me vint voir le lendemain pour me dire a-
dieu

PREFACE

dien je luy demanday ou'il alloit, il m'apprit qu'il prenoit le chemin de l'Allemagne pour joindre les troupes que Mr. l'Electeur de Cologne envoie en Hongrie. Je trouvay la commodité admirable, ainsi je n'hésitay plus, je luy confiay le manuscrit avec une lettre pour l'imprimeur. Je fis aprés cela un voiage à la campagne d'où j'écrivis à Mr. de ..... que malgre la déférence que j'avois d'ordinaire pour ses raisons je n'avois pû résister à la tentation, & que je luy enverrois dans peu un livre imprimé pour un manuscrit. Il me répondit par une lettre fort ample que j'ay mise à la fin de ces Dialogues, parce qu'elle en marque fort judicieusement les defauts, & qu'elle contient plusieurs choses fort solides contre le livre de l'Abbé & les quelles avoient esté omises par les censeurs.

Voila un recit fidelle de tout ce qui s'est passé à la publication de cet ouvrage, on doit m'en croire sur ma parole, il n'y a pas d'apparence que je me sois avisé d'inventer une fable de cette

lon-

PREFACE

longueur sans avoir travaillé à ne luy donner point d'autre agrément qu'un peu de vrai-semblance. Si j'avois eu à mentir je me serois servy de noms destinez à cela, j'aurois introduit des Chevaliers ou des Marquis sur la scene, & j'aurois tâché de leur faire dire quelque chose d'aisé & de Cavalier. C'est ainsi qu'en a usé, dans ses doutes sur la langue françoise un Jesuite fort galand & qui a beaucoup l'esprit du monde, & plusieurs autres aprés luy, & c'est aussi ce que j'aurois imité si j'avois eu un conte à faire au lieu d'une histoire.

ENTRETIENS
de
Timocrate & de Philandre
Sur un Livre qui a pour titre:
LES
S. DEVOIRS
De la Vie Monastique,
fait par l'Abbé de la Trape.

TIMOCRATE

CE que vous dites est bien vray Philandre, c'est un grand mal que la tentation d'estre Autheur; car on y succombe presque toûjours. Dés que cette envie a pris on ne pense qu'à la satisfaire, on écrit pour écrire; & voilà ce qui fait les méchans livres & les mauvais Autheurs.

PHILANDRE.

Si ces Messieurs prenoient au moins la peine de s'étudier avant que d'écrire, qu'ils vissent à quoy les porte leur génie & qu'ils ne travaillassent que sur ce qu'ils connoissent par réfléxion ou par sentiment; on ne se chagrineroit pas tant contre cette multitude d'ouvrages dont ils nous accablent tous les jours. Mais quand on voit des gens qui ne connoissent presque point Dieu vouloir prouver son éxistence, établir l'immortalité de l'ame sans la croire qu'en qualité de Disciples de Des-Cartes & non pas de Jesus Christ, entretenir le public de la Providence, pour luy apprendre qu'on en a reçu des Abbayes & des pensions, & parler de la Religion pour avoir occasion de parler

Allusion Aux 4 dialogues des Abbez de D. & de C.

parler de soy-mesme, c'est ce qui scandalize tous les gens de bon sens, bien loin de les édifier.

TIMOCRATE

Je suis bien aise de vous entendre dire ce que vous dites, parce que je l'ay toûjours pensé de même, & que je me fais un tres-grand plaisir de voir mes sentimens fortifiez par les vôtres. Je demanderois aussi bien que vous, qu'on n'écrivît sur les veritez que quand on en est convaincu, & qu'on cherchât moins à les appuier par des raisons nouvelles que par des raisons convaincantes. Cela m paroît sur tout nécessaire dans les matieres de la religion, parce que quand on la défend par de foibles argumens les impies trouvent dans la facilité de les refuter de nouveaux sujets d'incredulité. Mais je voudrois de plus que des libertins de profession n'écrivissent jamais pour elle, parce que quelques fortes que soient les preuves en de pareilles occasions elles font plûtoft naître les doutes qu'elles ne les détruisent ; on en appelle des raisons aux sentiment connus par la conduite & dans cet appel on trouve que le cœur est démenti par l'Esprit, & c'est là le triomphe de l'impiété.

PHILANDRE

Il y a encore selon moy une chose qui seroit à souhaiter en ceux qui écrivent sur la religion, c'est que la gloire de Dieu fût l'objet de leur ouvrage. Mais Timocrate qu'il y a long temps qu'on ne se propose plus cette vûë ! on n'enn'envisage en écrivant que le plaisir de voir toute l'estenduë de son esprit, on ne cherche que les occasions de se montrer à soy mesme ce qu'on vaut, & celles de le faire connoître aux autres ; Et toute la difference qu'on trouve aujourd'huy entre un autheur homme de bien & un qui ne l'est pas ; vient de ce que vous découvrez dans l'un quelques motifs de pieté en suite de l'amour propre & que dans l'autre vous n'y en découvrez aucun.

TIMOCRATE

Ma pensée ne va pas tout à fait si loin que la vôtre sur ce dernier article. Je ne croy point que le monde soit si corrompu qu'on n'y puisse encore trouver des gens qui ne travaillent que pour la gloire de Dieu, & qui n'auroient jamais écrit si l'amour qu'ils ont pour luy & pour le salut du prochain ne les y avoit engagez. Ie ne voy pas par exemple, afin de vous citer d'abord un des plus convaincans, que ces illustres Solitaires si connus sous le nom de Port-Roial pussent avoir d'autre vûë que celle-là quand ils ont attaqué une société puissante par son crédit dans le monde & par le nombre des grands hommes quelle avoit alors.

PHILANDRE

A les en croire Timocrate, ils n'ont eu pour but que de maintenir la morale de l'Evangile dans la pureté contre des Religieux mondains qui cherchoient dans son relâchement à se faire des amis aux dépens

pens de la religion. Mais si vous consultez une autre Chronique que la leur, vous y apprendrez que la vaine gloire, le chagrin de n'avoir pas reçu des applaudissemens des Jesuites, le plaisir de renverser une fortune établie, une haine passée de pere en fils ont fait cette cabale qu'on nomme de Jansenistes & dont M. Arnaud a eu le plaisir d'être le Chef

Le Pere Pétau ayant combattu le livre de la frequente Communion qui est sans contredit le chef-d'œuvre de ce Janseniste; le Janseniste en fut indigné, il s'en prit à toute la société, & rappellant dans son esprit le plaidoier que son pere avoit fait contre elle, il se crût destiné à achever ce que son prédécesseur avoit commencé. Il se mit à la teste de tout ce qu'il pût trouver de Disciples de Jansenius & de l'Abbé de S. Cyran, il attaqua les Jesuites avec fureur, & voiant que dans la cour & dans les provinces, il avoit des partisans, cela l'anima encore contre eux ; & comme il previt qu'une dispute, sur les dogmes ne seroit pas du goût de tout le monde, & qu'il vouloit absolument réjoüir le public aux dépens de ses enenmis, il se mit à examiner leurs mœurs & leur conduite & à lire tout ce qu'ils avoient jamais écrit afin de les combatre par leurs propre armes. Il inspira ce mesme esprit à tous ceux de son parti. On n'achetoit plus que les livres des Jesuites. Les plus méchans se debitoient le mieux, Escobar

bar, c'est tout dire, fût imprimé pour la quarantiéme fois en tres-peu de tems, quoy qu'au commencement le Libraire déselpérât du debit de la prémiére édition. Pendant cette guerre la vie de chaque Jesuite fut éxaminée à la rigueur par ceux de Port-roial. Si aprés un éxamen sévére on trouvoit que quelqu'un d'eux eût failli le péché estoit imputé à toute la Société, comme le péché d'Adam à tous ses enfans. On eut soin d'écrire jusques dans le nouveau monde pour s'informer de la maniére dont ils s'y conduisoient, afin que les crimes dont leurs parties les accusoient en ce païs-là estant jonts à ceux de celuy-cy donnassent plus d'aversion pour ceux qu'on en vouloit rendre coupablez. L'impiété té dans cette querelle se trouva jointe à la calomnie par ceux que vous regardez comme brûlans de l'amour de Dieu. Afin d'attirer les devots dans leur parti ils feignirent un miracle que le Pere Annat convainquit de fausseté & que tout le public reconnut pour une imposture. Le Roy dont l'esprit est pénétrant & la sagesse peu commune voiant les dangereuses conséquences d'une dispute sans gloire pour l'Eglise imposa silence aux deux partis. Les Jésuites se turend absolument, mais leurs ennemis parlérent & écrivirent toûjours ; rien n'échapoit à leur censure, jusques là que le Pére Bouhours ayant fait ses Entretiens d'Ariste & d'Eugene ou les Jansenistes n'étoient pas plus attaquez qu'un

qu'un grand nombre d'autres, ils firent tant auprés Monsieur Barbier d'Aucour qui est aujourd'huy de l'Académie Françoise, qu'ils l'obligèrent à faire une critique de cet ouvrage sur les mémoires que luy en fournirent Mrs. de Sasly, & Nicole, & sur ce qu'il avoit remarqué luy même ; puis qu'on ne sauroit sans injustice luy refuser la qualité de fin & de judicieux censeur. Il ont toûjours continüé de mesme jusqu aujourd'huy que j'apprens que Mr. Arnaud donne ses soins en Holande à faire imprimer, avec d'amples préfaces en six volumes in folio, dont trois paroîtront l'esté prochain, toutes les piéces qui ont esté composées contre les Jesuites pendant cette longue guerre dont
je

je viens de vous parler. Trouvez-vous Timocrate dans toute cette conduite qu'on se soit bien proposé pour but la gloire de Dieu, & n'y remarquez vous pas au contraire qu'une foule de passions criminelles & honteuses ont esté les ressorts qui ont pour ainsi dire, fait mouvoir cette machine.

TIMOCRATE.

Comme je n'ay pas dessein de rallumer une guerre éteinte & que d'ailleurs je n'ay pas assez de connoissance des affaires du monde pour répondre à tout ce que vous avez dit contre les Jansenistes, n'attendez pas Philandre que je prenne icy leur parti. Les exemples de gens qui n'écrivent que pour la gloire de Dieu ne sont pas si rares que vous

vous vous l'imaginez ; pour un que vous rejettez je vous en fournirois mille. Mais comme un bon suffit pour vous convaincre, je me contenteray de vous en citer un contre lequel vous n'aurez sans doute rien à dire, c'est celuy de l'Abbé de la Trape. Dites-moy je vous prie, quel autre but il a pû se proposer en écrivant ? Luy qui passe ses jours dans la pénitence & dans les humiliations, qui n'a renoncé au monde que parce qu'il a reconnu que tout y estoit vanité, & qui fait consister son bonheur à l'oublier & à en estre oublié.

PHILANDRE.

C'est m'aléguer tout d'un coup un grand éxemple, & je voy bien Timocrate que vous avez envie de me fermer
la

la bouche. Mais si je vous disois pourtant ce que je pense de cet homme après la lecture que j'ay faite, de ses livres *des saints devoirs de la vie monastique;* vous verriez bientôt que l'éxemple n'est pas concluant pour moy. Je tombe d'accord avec vous que sa conversion à paru édifiante à beaucoup de personnes, qu'on voit dans ses ouvrages des mouvemens fort semblables aux mouvemens de la piété, une morale qui impose par sa rigidité, & qu'il y paroît un grand zéle pour la perfection monastique; mais demeurez aussi d'accord avec moy qu'il y a plus de faste que d'autre chose, que l'amour propre y est souvent confondu avec l'amour divin & l'orgueil déguisé sous une humilité apparente, que

le

le plaisir d'avoir la réputation d'homme d'esprit luy a plus suggéré de choses à dire que la charité n'a fait, & que ses corrections approchent un peu trop de la satyre pour estre les corrections d'un Chrétien & d'un solitaire qui veut passer pour saint à quelque prix que ce soit.

TIMOCRATE

Non Philandre, je ne saurois vous accorder cela, quand mesme ce ne seroit que pour maintenir mon exemple qui ne vaudroit plus rien aprés cet aveu. Mais pour vous répondre sérieusement vous m'étonnez quand vous parlez ainsi, d'un homme qui est l'admiration de tout le monde, & dont les ouvrages sont d'un secours si utile à la dévotion.

PHILANDRE.

S'ils ont aidé à la vôtre à la bonne heure, mais je vous proteste qu'ils n'ont guére contribué à la mienne. Je n'ay jamais esté edifié d'une simple apparence ; ainsi je n'ay eu garde de l'estre d'un livre où on n'a voulu qu'imposer, & ou l'on n'a emploié l'esprit & l'eloquence qu'à ôter à un nombre infini de Religieux une reputation dont on vouloit enrichir un petit nombre d'autres.

TIMOCRATE

Vous avez des sentimens si particuliers à l'égard des livres de l'Abbé de la Trape, que je seray bien aise de savoir plus précisément ce qui les a fait naître. Obligez-moy donc Philandre de vous en ouvrir à moy avec cette liberté té dont usent les véritables amis: Et comme je ne say que confusément l'Histoire de sa vie passée, faites m'en auparavant un recit abrégé.

PHILANDRE

Un Ancien a dit autrefois qu'on ne devoit parler d'un homme de Dieu que du moment qu'il avoit commencé d'estre à Dieu, ainsi Timocrate vous ne devriez pas souhaiter que je vous parlasse de la jeunesse de l'autheur *des saints devoirs*, que vous regardez comme un saint. Pour moy qui n'en ay pas la mesme opinion, il me sera permis de vous parler de sa vie passée comme de la vie présente; voicy à peu prés ce que j'en say. L'abbé de la Trape, connu autrefois sous le nom d'Abbé de Rancey est un homme nay avec beaucoup d'esprit

Ponce Diacre dans la vie de S. Cyprien.

d'esprit & d'inclination pour le monde, S'étant donné à l'eglise selon la coûtume du siécle, afin de joüir des benéfices dont la piété des Princes la malheureusement enrichie, il en obtint de considérables. Il vêquit fort long-tems en véritable Abbé c'est à dire, en libertin & en homme à bonnes fortunes aussi n'en pouvoit-il manquer fait comme je vous le dépeins; un grain ou deux d'impiété assaisonnée d'esprit estant pour les femmes galantes d'un ragoût merveilleux. Il y a apparence que s'il eût esté aussi fin politique que parfait amant la cour l'auroit possédé plus long-temps : mais par malheur pour luy il fut plus l'un que l'autre, & c'est ce qui le perdit.

Vous sçavez les démêlez
qu'il

qu'il y eût entre les Cardinaux de Rets & de Mazarin sous le Ministére de ce dernier, & comment la cabale de l'Italien prévalut sur celle du François. Chacun y prit parti suivant son inclination ou son interest. Je ne say lequel de ces deux motifs engagea l'Abbé de la Trape dans le parti du Cardinal de Rets, ou si son imprudence naturelle ne fut point l'unique cause de son mauvais choix; il y a apparence qu'elle n'y contribua pas peu: Comme chaque Cabale estoit incessamment occupée à attaquer sa rivale par des coups de langue ou de plume, l'Abbé de Rancey à qui on avoit remarqué de tout tems de beaux dons pour la satyre estoit celuy que son party choisissoit d'ordinaire pour

pour parler & pour écrire. Il fit très-souvent l'un & l'autre avec cette licence qu'un feu d'esprit mal réglé produit communément. Mais de tout ce qu'il dit & écrivit pendant long-tems, rien n'a esté si contraire à sa fortune qu'une lettre circulaire qu'il composa sous le nom du Cardinal de Rets à tous les Evêques de France, dans laquelle il attaquoit non seulement le Cardinal Mazarin, mais le Roy mesme dont il blâmoit la conduite. C'est à cet ouvrage qu'il est redevable de sa conversion, du moins d'une partie, puis qu'il luy inspira les prémieres pensées de la retraite de la maniére dont je le vas dire.

Le Cardinal Mazarin qui sçavoit que l'Abbé aspiroit à estre

estre Coadjuteur de Tours, afin de succeder à Mr. de Rancey son oncle qui en estoit Archevêque, prit occasion de cette lettre de se vanger des médisances que l'autheur avoit écrites & dites contre son ministere & contre sa personne. Un jour donc que l'Abbé le vint voir, car entre gens de cour la haine n'empéche point les visites, le Cardinal, aprés avoir parlé de choses indifférentes fit tomber insensiblement la conversation sur l'Archevéché de Tours, & insinua avec un certain air de sincérité qu'il affectoit admirablement bien quand il vouloit, que M. de Tours estant vieux avoit besoin d'un Coadjuteur & qu'il seroit à souhaiter qu'il en eût un de la famille. L'Abbé charmé de ce discours dont

dont il ne prévoioit pas la suite, en témoigna sur le champ une reconnoissance toute extraordinaire à l'Eminence, & luy promit un attachement inviolable à son service. Un Italien Courtisan n'avoit garde de se laisser gagner par ces sortes de grimaces : ainsi Mr. de Mazarin ne parut donner dans le panneau qu'autant qu'il le falloit pour reduire l'Abbé aux termes où il le vouloit. Je suis persuadé luy répondit-il de tout ce que vous me dites. Mon parti étant celuy du Roy, je vous croy trop raisonnable pour en prendre un autre : mais comme sa Majesté a esté prévenuë sur vôtre sujet & quelle vous soubçonne mesme d'être l'autheur d'une Lettre qui court & qui marque un esprit

esprit de rebellion; vous devez travailler à éfacer ces impressions de son esprit. Cette Satyre dont vos ennemis vous font l'autheur vous fournit une belle occasion de des-abuser le Roy, car vous n'avez qu'à me donner un desaveu signé de vôtre main, par lequel vous têmoigniez que vous n'avez jamais fait & ne ferez jamais rien en faveur du Cardinal de Rets contre le service du Roy ; & je vous réponds ensuite de sa bienveillance. L'abbé avoit trop d'esprit pour ne reconnoître pas que c'estoit moins pour le remettre en grace que pour triompher de luy, que le Cardinal le vouloit engager à se dédire par écrit. C'est pourquoy il le refusa absolument, disant qu'il suffisoit à un homme me comme luy de desavouër de bouche une chose pour détromper ceux qui l'auroient crûë sur de fausses apparences. Je suis fâché de ce refus luy repartit le Cardinal, il perd vôtre fortune : car vous croyez bien que sa Majesté ne donnera pas un Archevêché à une personne de qui la fidélité luy est suspecte, & qui ne veut pas luy donner des preuves de son obéïssance.

L'Abbé jugea sa fortune perduë aprés cette conversation, & ce fut alors qu'il reconnut combien la sagesse & la prudence sont utiles dans le monde, & sur tout à la cour : mais c'estoit s'en aviser trop tard, car à quoy servent les expériences quand on n'a plus rien à tenter. Voila une des premiéres adversitez de vôtre

vôtre saint, qu'on peut appeller pour luy la grace prévenante, puis qu'elle luy inspira les premieres pensées de se distinguer par la retraite, n'esperant plus de le pouvoir faire par la crosse & par la mitre. En voicy une seconde que nous appellerons si vous voulez la grace efficace, puis qu'elle le détermina enfin à mener ce genre de vie, dont il se fait tant d'honneur dans le monde. Je vous ay desja dit que l'Abbé de la Trape estoit un homme galand, & qui avoit eû plusieurs commerces tendres. Le dernier, j'entens, qui ait éclatté, fut avec une Duchesse fameuse par sa beauté, & qui aprés avoir heureusement évité la mort au passage d'une riviére où on la crut quelque tems noiée, la rencontra peu de mois aprés dans la petite vérole, dont elle fut attaquée l'an 1657.

TIMOCRATE.

Je connois la Duchesse à ces circonstances, n'est-ce pas Madame de M.... qu'on crut périe par la chûte d'un pont sur le quel elle passoit, ce qui donna occasion à une femme d'esprit de faire sur le champ cette épitaphe, dont le tour est si aisé & si naturel.

Cy gît Olympe à ce qu'on dit,
S'il n'est pas vray comme on
 souhaite,
Son epitaphe est toûjours faite;
On ne sait qui meurt ny qui vit.

PHILANDRE

C'est elle-mesme. L'Abbé qui alloit de tems en tems dissiper ses chagrins à la campagne y estoit lors que cette mort imprévûë arriva. Ses Domestiques

stiques qui n'ignoroient pas sa passion prirent soin de luy cacher ce triste évenement, qu'il apprit à son retour d'une maniére fort cruelle. Car montant tout droit à l'appartement de la Duchesse où il luy estoit permis d'entrer à toute heure, au lieu des douceurs dont il croyoit aller joüir, il y vit pour premier objet un cerceuïl qu'il jugea estre celuy de sa maîtresse en remarquant sa teste toute sanglante qui estoit par hazard tombée de dessous le drap dont on l'avoit couverte avec beaucoup de négligence, & qu'on avoit détachée du reste du corps afin de gagner la longueur du col, & éviter ainsi de faire un nouveau cerceuïl qui fût plus long que celuy dont on se servoit, & dont on avoit si mal pris la mesure, qu'il se trouvoit trop court d'un demy-pied. Ce qui fait voir, pour le dire en passant, combien les Grands ont peu de gens qui leur soient véritablement affectionnez, & combien il leur est difficile dans leur élévation de distinguer entre ce qu'on rend à leurs personnes & ce qu'on rend à leur fortune.

TIMOCRATE

Cet évenement a quelque raport avec ce qui arriva à l'enterrement de Guillaume le Conquerant, dont la fosse se trouva trop petite quand il fallut l'inhumer, & pour lequel on ne fit pas plus de façon que pour la Duchesse ; puis qu'au lieu d'accroître la fosse, ce qui n'estoit pas d'une grande dépense on voulut le faire entrer de force ; ce qui fût cause que le le corps se creva & qu'il en sortit une si grande infection, que tous les assistans s'enfuirent, hormis les Prestres sans les quels on ne pouvoit achever cette triste cérémonie.

PHILANDRE

Si je ne me trompe, ce ne fut pas la seule chose qui troubla la pompe funébre de ce Prince; car je me souviens d'avoir lû que comme le convoy marchoit, un païsan survint en disant qu'il ne souffriroit point qu'on enterrât le mort dans le lieu qu'on luy avoit destiné, par ce que c'estoit un bien dont Guillaume l'avoit injustement dépouillé; ce qu'il prouva par de si bonnes raisons qu'on luy paia à l'instant la place marquée pour l'inhumation.

TIMOCRATE

Deux pareils évenemens fourniroient matiére à bien des refléxions, mais l'impatience où je suis de voir un Abbé converty, fait que je ne saurois plus ny rien dire ny rien écouter avant la fin de l'Histoire que vous avez commencée.

PHILANDRE

Pour remplir toute vôtre curiosité sur ce sujet, je vous diray donc que l'Abbé qui n'avoit supporté sa premiére adversité qu'avec une peine extrême, se trouva accablé de cette seconde. Le monde luy parut insuportable sans le thrône Episcopal & sans sa maîtresse. Ainsi privé de l'un & de l'autre dans les premiers transports du desespoir, il résolut de se mettre dans la retraite. Et afin d'édifier ses prochains par son exemple, il fit grand éclat de celuy

celuy qu'il alloit donner au public. Il alla trouver Mr. l'Evêque d'Aleth, afin qu'il luy conseillast ce qu'il avoit à faire, ayant dessein de quitter le monde. Ce Prélat qui avoit de la piété, & qui savoit toutes les jeunesses de ce pénitent futur, crut qu'il ne falloit pas moins qu'un froc pour les expier. Ainsi il luy conseilla de prendre l'habit de religeux, & de se retirer dans le couvent de la Trape dont il estoit desja Abbé. L'honneur du monde l'engageoit à suivre cet avis aprés toutes les démarches qu'il avoit faites. Ainsi il se résolut à la vesture, à cette condition neanmoins qu'il ne seroit pas un simple Moine, & qu'il auroit toûjours par devers luy le plaisir de commander. Cet empire trop grand qu'ont d'ordinaire les supérieurs dans les communautez religieuses fut d'abord un obstacle à la sanctification de ce nouveau Moine. Il ralluma une passion mal éteinte, je veux dire l'ambition qui a toûjours esté le vice régnant de ce solitaire. De simple abbé qu'il estoit il voulut devenir chef d'Ordre, & parce qu'on ne le peut estre sans une concession du Pape, il alla luy mesme à Rome, afin de voir s'ils pourroit éxécuter son dessein. Mais le saint Pere qui ne trouvoit desja que trop de moines au monde n'avoit garde de les multiplier par un nouvel Ordre. C'est pourquoy il luy refusa absolument ce qu'il luy demandoit, & comme malgré ce refus l'Abbé continuoit ses instances, le Pape indigné ne le voulut plus voir,

voir, luy laiſſa demander inutilement pendant fort long-tems la liberté de venir recevoir ſa benediction avant de s'en retourner en France, & ne la luy accorda enfin qu'avec cette reſtriction, qu'il ne parleroit point du tout de l'affaire qui l'avoit attiré en Italie. N'ayant rien pû obtenir de la cour de Rome, il voulut voir ſi celle de France luy ſeroit plus favorable. C'eſt pourquoy dés qu'il fut de retour à Paris il préſenta une requête imprimée au Roy, dans laquelle aprés s'eſtre comparé à tous les Saints & à tous les Martyrs, il repreſente à ſa Majeſté les déſordres du monde & de l'Egliſe, le projet qu'il a fait pour en bannir la corruption & les moiens que Dieu luy a inſpirez pour l'éxécution d'un ſi grand

grand dessein. Le Roy quoy que fort retenu à parler quand il ne pense pas avantageusement de quelqu'un, dit assez librement ce quil trouvoit de ridicule dans cette requête. Les Courtisans qui sont toûjours du sentiment des Princes, sur tout quand il s'agit de rire aux dépens du prochain, & qui n'avoient pas oublié la vie de ce Saint moderne, se divertirent pendant long-tems de ses projets & firent tant de railleries de ce pauvre Abbé, que ses propres amis luy conseillérent de se retirer dans son couvent; ce qu'il fit effectivement, mais avec un chagrin inexprimable, puisque ce fut sans s'estre distingué comme il le souhaitoit. Voila ce me semble Timocrate des preuves parlantes de la vanité d'un homme que vous

vous regardez avec des yeux bien différens des miens. Si vous en voulez à l'égard des autres passions, je vous feray voir dans son propre livre. *des saints devoirs* qu'à la reserve de l'amour qu'une longue suite d'années a peut-estre éteinte elles sont encore chez luy aussi vives & aussi nombreuses quelles ayent jamais esté.

TIMOCRATE

N'y a t'il point de préjugé dans ce que vous dites, & me feriez vous bien voir que l'Abbé de la Trape ait ainsi emporté le monde jusques dans son désert, & qu'il y ait nourry tous ces monstres qu'on n'y croyoit connus que de nom ? Si cela est, je ne cherche plus de Saints icy-bas.

PHILANDRE

Ce n'est point pour vous faire

faire prendre cette résolution que je prétens vous convaincre de ce que j'ay avancé; car si un homme que vous avez cru saint sur de belles apparences ne l'est point, il ne s'enfuit pas qu'il n'y en ait plus au monde : il s'enfuit seulement que pour le paroître on ne l'est pas toûjours. En juger autrement c'est en juger aussi mal que les habitans de Malthe faisoient de St. Paul, qui le prenoient tantôt pour un Dieu, tantôt pour un scelérat; parce qu'ils précipitoient trop leur jugement. Je n'ay dessein en vous convainquant par des preuves prises des ouvrages de l'Abbé mesme, que de vous tirer de l'erreur où vous estes tombé pour ne les avoir pas lûs avec application & en avoir plûtôt jugé sur le raport des au-

autres que sur ce que vous en avez connu vous mesme ; ce que ne doit pas faire un homme qui a autant d'esprit & de savoir que vous en avez. Il y a desja du tems que j'ay lû ses livres, mais avec tout cela je me souviens encore qu'on peut faire voir l'esprit Satyrique de l'autheur dans les portraits afreux qu'il fait de tous les Moines hormis des siens ; son desir de dominer dans la dépendance & la soûmission aveugle qu'il veut que ses solitaires ayent pour luy, & en ce que tous ses discours tendent à la leur inspirer; son libertinage dans son peu de respect à parler des Saints qui ont eu le malheur de luy déplaire & dans le mépris qu'il a pour certains miracles reconnus par l'église. Pour sa vanité vous pouvez
la

la remarquer dans l'envie qu'il a de se distinguer par des sentimens extraordinaires, dans une grande affectation de science mal digérée, & de mots nouveaux qui auront sans doute le sort des enfans exposez, & dans la passion de se produire en public par des ouvrages qui ne sont bons que pour les Moines & qui ne devoient jamais sortir de son couvent.

TIMOCRATE.

Si vous avez dessein de me convaincre Philandre, il faut vérifier ce que vous dites, & éxaminer quelques-uns de ces endroits si contraires selon vous, à la reputation que l'autheur s'est acquise. Ne me faites donc pas languir davantage, je vous en prie, je say que vous avez dans vôtre cabinet *les Saints devoirs de la vie monastique* commanmandez qu'on vous les apporte

PHILANDRE.

J'y consens, mais je vous avertis par avance que je n'ay pas dessein d'en faire icy une critique dans les formes. C'est pourquoy contentez vous que nous ouvrions ce livre de tems en tems en différens lieux jusqu'à ce que l'heure de la promenade soit venuë. Cela suffira pour vous ôter vos préjugez, & pour vous persuader que je ne vous ay rien dit qui ne soit véritable.

TIMOCRATE

Ah! voicy ce que c'est. Laissez m'en faire la premiere ouverture. Elle ne vous est desja pas favorable, vous m'avez tantôt voulu insinuër que l'Abbé n'avoit écrit qu'afin de passer pour autheur dans le monde, & il dit icy expressément

préf. ment qu'il n'avoit fait ses livres que pour ses propres Riligieux, & qu'il ne croyoit pas qu'ils dûssent devenir publics.

PHILANDRE

Bonne caution qu'une préface! où tous les autheurs de tems immemorial n'ont jamais debité que des impostures, ne sachant de quelle maniere se disculper auprés du public qui se vange d'ordinaire sur l'autheur du tems qu'il a perdu à lire son ouvrage. En vérité Timocrate vous estes un malin Apologiste de me faire remarquer ainsi sous prétexte de justifier l'Abbé de la Trape, que je ne vous avois pas fait un catalogue assez éxact de ses deffauts en passant sous silence ses mensonges; En effet celuy-là ne devoit pas estre oublié estant aussi grossier qu'il l'est. Car qui

qui ne fait les foins infinis que prenoit cet Abbé à faire courir son manuscrit avant que l'impression l'eût rendu public, & les diverses copies qu'il en avoit fait faire & dont il gratifioit tous ceux qui l'alloient voir. Ie ne croy pas qu'il osât nier ce fait, ny partant m'acculer de calomnie, si je dis qu'il a voulu couvrir un vice par un autre & cacher par un mensonge la vanité qui le poussoit à se faire imprimer.

TIMOCRATE

Voila une terrible ébauche que de commencer le portrait d'un Saint en le représentant vain & menteur ; si cela continüe il faut s'attendre à un grotesque & non à un tableau du Titien ou de Raphaël.

PHILANDRE

Comme je n'avance rien que

que je ne vous le montre dans ce livre vous ne devez pas vous en prendre à moy, quand je vous y feray voir des endroits ridicules. Je n'ay deſſein ny de flatter ny de ſatirizer ; je veux peindre d'après nature. Que penſez vous par exemple de celuy-cy où l'autheur dit : *Qu'un Solitare qui ſe détourne de Dieu & le perd de vûë un moment tombe dans une fornication ſpirituelle ?* Pour moy je vous l'avouë, je trouve cette exagération fort plaiſante, & je m'imagine qu'à ce conte il ſe commet bien des fornications dans le couvent, & que le ſaint Abbé luy meſme n'a pas toute la chaſteté ſpirituelle qu'il ſouhaite dans ſes Moines, s'il ne manquoit que celle-là & à luy & à eux paſſe, je ne croy pas que ſon défaut

faut empêchât leur canonization.

TIMOCRATE

Je suis de vôtre avis Philandre, cette expression me paroit outrée; mais ne savez vous pas qu'il faut, toûjours faire aux pécheurs le mal plus grand qu'il n'est parce qu'ils ne le diminuënt d'ordinaire que trop. Je voy si je ne me trompe un endroit bien moins juste que celuy, là, c'est à la question troisiéme où il demande; *Les régles des observances religieuses ne doivent donc pas estre considérées comme des inventions humaines ?* On dit bien ce me semble l'observance d'une régle quoy que le terme soit un peu nouveau pour avoir desja esté au couvent ; mais je n'ay guére ouy dire la régle d'une observance, & je crains que si jamais on aug-

pag. 7.
chap. 2

augmente les doutes du Gentil-homme Bas-Breton, cette phrase ne soit proposée à Mrs. de l'Académie comme une phrase à réformer.

PHILANDRE

Vous estes trop éxact Timocrate, pour un Apologiste, & c'est pousser trop loin la critique que de censurer jusqu'aux mots. Comme je n'en veux qu'aux sentimens, je laisse tout le reste pour ne m'écarter pas du but que je me suis proposé. Ainsi ne vous étonnez point si vous m'y voiez revenir de toutes parts. Dites-moy je vous prie, croiez-vous avec vôtre Abbé que la vie monastique ait esté instituée par J. C. & trouvez-vous les preuves bien concluantes?

TIMOCRATE

Je ne me tiens pas assez habile

bile pour en juger, tout ce que je peux dire la-dessus, c'est que si cela est vray, on s'est avisé bien tard de suivre les institutions du fils de Dieu: car si je ne me trompe, on fait Paul Hermite le Pére des Moines: or chacun sait qu'il vivoit dans le troisiéme siécle.

PHILANDRE

Adjoutez encore Timocrate que supposé le principe de cet autheur, il s'ensuit qu'on n'a obeï au précepte de J. C. que par accident: puisque ce sont les persécutions qui ont fait les Moines, & que nous sommes ainsi redevables à Dioclétien d'avoir fait pratiquer aux Chrétiens les Commandemens de Dieu. Je doute que cette opinion soit avantageuse à la gloire des prémiers fidelles, & je ne say s'il ne vaudroit pas

pas mieux qu'on crût l'origine des Moines plus moderne, que d'aller troubler des cendres que la piété & la justice nous doivent obliger à laisser en repos. Vous remarquez facilement Timocrate ce qui oblige l'Abbé à prendre le party qu'il a pris, c'est qu'il veut donner une grande idée des Moines, afin d'entretenir les peuples dans le respect pour les solitaires, & sur tout pour luy qui prétend vivre conformément à l'institution, & ainsi joüir en gros & en détail du plaisir d'estre honoré.

TIMOCRATE

Cela peut venir d'un autre principe, c'est que comme en matiére de religion ce qui est le plus ancien passe pour estre le meilleur, on croit adjoûter un titre de bonté à une cérémonie

monie à un ordre ou à quelqu'autre chose de semblable quand on luy adjoûte un degré de vielleſſe; & c'eſt ce qui donne lieu tous les jours aux diſputes des devots ſavans ſur le tems de la fondation de quelques-unes de nos Egliſes, & qui leur fait attribuër plus ou moins d'ancienneté à un édifice, ſelon le plus ou le moins d'affection qu'ils ont pour luy. Je croy que c'eſt-là la raiſon qu'on peut alléguer pour défendre ce que dit l'Abbé de la Trape de l'origine des moines, de même que ſa petite Hiſtoire de St. Pacôme qui reçut ſa régle par le miniſtére d'un Ange; car du reſte on trouveroit peu d'Hiſtoriens garands de ce recit.

PHILANDRE

On en trouveroit encore plus

plus que de saints qui portaſſent le renoncement du monde juſqu'à rompre ces devoirs ſacrez de juſtice & de charité que nous devons naturellement à nos prochains; car je ne connois que le vôtre qui ſoit capable de dire, *que Dieu a fait ceſſer dans le ſolitaire tous les devoirs de charité & de juſtice à l'égard du monde; qu'il ne luy permet plus de s'occuper du ſoin de ſecourir les pauvres, de conſoler les affligez, de viſiter les malades, d'inſtruire les ignorans.* Auriez-vous Timocrate porté la piété juſque là ? je n'en croy rien; & je penſe que quand vous auriez paſſé toute vôtre vie à la Trape, vous auriez peine à pratiquer cette pieuſe obſervance. Voiez, je vous prie, comme tout change, & comment la morale auſſi bien que les autres cho-

choses a ses révolutions. Autrefois les Solitaires quoy que détachez du monde ne laissoient pas de s'interrester dans les malheurs de ceux, qui estoient engagez dans le commerce du siécle. Il n'y a qu'à lire les homélies de St. Chrysostome au peuple d'Antioche, pour voir combien les moines de ce temslà furent touchez des calamitez qui suivirent la révolte de ce peuple, & le soin qu'ils prenoient à le consoler. Et tous ceux qui ont lû Théodoret y ont remarqué le discours genereux de Macédoine simple & pieux Anacorete qui eut le courage de s'opposer aux dessein de deux Magistrats qui alloient à cheval par la ville pour y faire éxécuter les ordres sévéres du Prince, & qui leur dit, *allez & representez à l'Em-*

hom. 17.

Theod. hist. Eccles. cap. 19 liv. 5.

pereur qu'il doit craindre la colere du Créateur s'il détruit la créature, & qu'il sache que s'il est offencé qu'on ait abbatu ses images, Dieu le sera davantage si l'on brise les siennes. Voilà comme agissoient ces anciens solitaires, ils quittoient en foule leurs déserts, lors que l'Eglise ou les peuples gémissoient sous l'oppression; Mais les Moines de la Trape qui ont rafiné sur la piété, & qui sont ennemis du relâchement condamnent ces mouvemens trop tendres qu'on avoit regardez jusqu'icy comme des fruits de la grace; & semblables à ces anciens Stoïques ils ne sont touchez de rien, & sont si détachez du monde qu'ils ne s'informent pas s'il y a des malheureux & si on peut les soulager, pourvû qu'ils ne le soient pas, la volonté de Dieu

Dieu soit faite sur tout le reste des hommes.

TIMOCRATE

Vous donnez, Philandre, un tour malin à tout ce que vous remarquez de moins juste dans ce livre, mais au fond tout ce qu'on peut vous avouër, c'est que les sentimens en sont un peu outrez, & que celuy cy sur tout a ce défaut. Si vous preniez la peine d'éxaminer les pensées justes comme vous éxaminez celles que vous croiez, qui ne le sont pas vous verriez que l'ouvrage est plus beau que vous ne pensez.

PHILANDRE

Je demeure d'accord avec vous qu'on y découvre des beautez, & même des beautez sensibles; mais avouëz moy aussi qu'il y en a qui ne se remarquent pas facilement,

& qu'elles ne sont visibles que pour les *Béats*. Je ne say si celle-cy ne seroit point du nombre, je le soubsçonne ; car je ne la conçois pas. *C'est aux autres à servir Dieu ; mais c'est à vous à luy estre parfaitement unis ; il suffit aux autres de croire en Dieu de le connoître, de l'aimer & de l'adorer ; mais pour vous, vous devez entrer dans les lumieres de sa sagesse & de son intelligence, pour le voir en luy-même & pour en jouïr.* J'aimerois bien à entendre cette pensée, car je croy qu'elle est belle & qu'il y a du bon sens caché sous ces riches entithéses. Penétrez-vous, Timocrate, dans les lumieres de la sagesse & de l'intelligence de l'autheur, & pouvez-vous bien en jouïr? Pour moy je ne saurois.

TIMOCRATE

Ny moy non plus, je vous en

pag. 33

en asseure, cela me passe, &
j'y soubçonne du galimathias.
Mais en vérité on luy doit pardonner ces sortes de pensées
aprés les lectures qu'il a faites;
car on voit par celle de son
livre qu'il a lû grand nombre
de Théologiens contemplatifs d'avec lesquels on ne sort
guére sans s'estre embrouillé
l'esprit d'idées & de termes
confus, que les sots devots admirent & que les gens de
bon sens ne peuvent souffrir.
Les Espagnols donnent beaucoup dans ces pensées monstrüeuses, parce que cela a du
raport avec leur génie qui n'a
rien de naturel & avec leur
style qui l'est encore moins
que le tour de leur esprit.

PHILANDRE

On leur pardonne ce vice qui
est comme né avec eux & qui
peut

peut venir du commerce qu'ils ont eu autrefois avec les Maures & les Arabes, dont le défaut est, pour ainsi dire, de ne penser que par métaphore & par Hiéroglyphe. Mais en France où l'on veut du bon sens dévelopé, & où chacun parle le langage de la nature comme Ronsard disoit autrefois de Remy Belleau ; ces pensées creuses sont du goût de peu de gens, & je vous assure par avance qu'elles ne sont pas du mien, non plus que les leçons de l'Abbé de la Trape sur l'obéïssance au superieur ; car elles me paroissent suspectes.

Voy. depuis la pag. 91.

TIMOCRATE

Mais concevez vous qu'une communauté puisse subsister sans ordre & sans soûmission à un certain chef ?

PHI-

PHILANDRE

Non. Mais je conçois bien qu'un homme qui reduit toute la perfection d'un moine à obéïr à un supérieur la reduit à peu de choses. On découvre dans cette maxime un orgueil insuportable, & qui fait voir aisément que celuy qui la propose n'a pour but que de régner sur ceux qui se sont soûmis volontairement à luy, & que sous le prétexte de piété, voile qui sert à tout couvrir il cherche le plaisir d'estre obêï. D'ailleurs je ne saurois souffrir qu'on confonde comme fait cet autheur ce qu'on doit à Dieu avec ce qu'on doit à l'homme. C'est cependant ce qu'il fait par tout, reduisant à un mesme devoir l'obéïssance à Dieu & l'obéïssance au supérieur, afin de donner à

pag. 94. 95. & suiv.

cha-

chacun d'eux un droit d'infaillibilité. Eh! d'ou vient cela, Timocrate ? c'est que le saint Abbé comme il s'est fait appeller dans les entretiens de l'Abbé Jean, est le directeur, & qu'il veut trouver dans la solitude un plaisir qu'il n'a pû trouver dans le monde. Quoy qu'il y tint un rang assez considerable, cependant il n'estoit maistre que de quelques domestiques, qui encore se pouvoient affranchir de sa domination. Au lieu que dans son couvent, il est Roy, il commande, tout fléchit sous ses loix; & voilà ce qui le charme. Et comme dans un ambitieux le plaisir du commandement s'augmente ou diminuë selon que la soûmission est plus ou moins grande, l'Abbé afin de voir augmenter sa joie, forge de de nouvelles régles d'obéissance; & pour s'assurer ce contentement il en fait une qui luy donne un empire absolu & continuël sur celuy qui la reçoit. C'est *qu'obéir à son superieur, c'est le mesme qu'obéir à Dieu.* Quel rafinement d'orgueil ! Cet homme a feint de quitter le monde afin d'y mieux regner, & a fait un sacrifice de ses plus foibles passions à celle qui est la plus forte, je veux dire, à sa vanité. Ah ! Timocrate, c'est icy que je reconnois que les saints comme l'Abbé de la Trape ressemblent bien aux autres hommes, car voilà leur véritable caractere. Ils se défont de certaines inclinations aux quelles ils sont le moins sensibles, afin de se livrer tout entiers à celle qui est la dominante, & nourrissent celle-là de l'aliment qu'ils ont soustrait aux autres.

TIMOCRATE

Si vous ne faisiez pas application de cette maxime à l'autheur *des saints devoirs*, je la trouverois admirable. Car il faut avouër que présque tous les hommes agissent de cette maniere, & que la plus part du tems quand on croit qu'ils ont surmonté une passion, ils n'ont fait qu'en fortifier une autre. Mais je croy que c'est faire injure à ce bon religieux, que de le confondre en cette occasion avec les reste des hommes.

PHILANDRE

Il est aisé de voir que j'en juge fort équitablement; puisque c'est là le but de tout son ouvrage. Car si cela ne l'est pas pourquoy réitérer si souvent ce précepte, pourquoy faire

faire un si grand amas d'exemples d'obéissance avec une exhortation à ces religieux d'en bien profiter, & pourquoy enfin ne leur parle t'il dans un chapitre de l'amour de Dieu, que pour dire dans les suivans, qu'on aime Dieu dans son Supérieur, qu'il est le chef de la congrégation; la teste d'un corps dont tous les fréres sont les membres & les parties; & que comme le propre de la teste dans le corps humain est de gouverner & de conduire, de former tous les mouvemens & toutes les actions; il faut aussi que dans une communauté réglée tout se face par les ordres & dans la dépendance du supérieur; qu'il dispose de toutes choses, qu'il applique les sujets, qu'il ordonne de leurs occupations, & qu'il n'y ait rien sur quoy sa vûë & sa direction ne s'étende. Que signifie cela Timocrate,

pag. 151. & suiv.

& qu'avez vous deformais à dire ?

TIMOCRATE

J'ay à dire que comme il faut que chacun s'acquitte de son employ, celuy de l'Abbé estant de régler ses religieux, il ne sauroit trop éxactement remplir ce devoir : & qu'ainsi on ne doit pas trouver étrange le soin qu'il prend à leur donner des leçons pour estre des régles de leur conduite.

PHILANDRE

Mais remarquez-vous le plaisir qu'il prend à faire des loix, à les faire opposées à celles des autres ordres qu'il regarde comme autant d'ordres relâchez ; & comment dans la peinture qu'il fait de ses Moines, il cherche l'occasion de s'applaudir sur ce qu'il en est bien obéï, & qu'il en a sû faire de saints. TI-

TIMOCRATE

Cette peinture m'a paru charmante, tout y est vif & brillant, les pensées sont grandes, les expressions nobles, le tour peu commun ; & j'ay esté enchanté de cet endroit où il dit en les louänt: *que les révolutions qui se voient dans l'univers ne viennent point jusqu'à eux; qu'ils ne pensent jamais au monde que lorsqu'ils gémissent devant Dieu de ses misères; & que les noms mesmes de ceux qui gouvernent leur seroient inconnus s'ils ne les aprencient par les prières qu'ils adressent à Dieu pour la conservation de leurs personnes.*

Pag. 139. 140.

PHILANDRE

Cette pensée me paroit plus propre à estre emploiée dans un sonnet que dans un entretien avec des moines, *la vérité & la simplicité*, comme dit

Cypr. lett. à Donat dit S. Cyprien, *estant le plus bel ornement du discours, lors qu'on parle des choses de Dieu*

En effet un ouvrage de dévotion ne demande rien de brillant, il faut que le cœur y soit le maître de l'esprit, & que tout y soit si naturel qu'il semble dit & pensé en mesme tems.

TIMOCRATE

Tout le monde n'est pas là-dessus d'un même sentiment. Il y a des gens qui n'aiment que les productions du cœur sur les sujets de dévotion; Et il y en a d'autres qui cherchent celles de l'esprit en tout tems & en tous lieux. Je suis du goût des derniers, Philandre, je vous avouë mon foible.

PHILANDRE

Vous estes du plus général, mais je ne say si vous estes du meil-

meilleur ; car quand l'esprit se divertit le cœur n'est pas content, par ce qu'il ne se nourit pas des mesmes alimens que luy. Et je suis persuadé qu'il en est de leurs repas comme de celuy du renard & de la cicogne, dans l'Apologue, où quand l'un de ces animaux estoit rassasié l'autre se plaignoit de la faim.

TIMOCRATE

Mais revenons à la pensée du Solitaire, n'est elle pas spirituëlle & exprimée noblement?

PHILANDRE

Permettez-moy, Timocrate de vous dire que je n'en suis pas tout à fait si charmé que vous. J'avouë qu'elle frape d'abord agréablement l'esprit; mais examinez-la avec quelque application, elle a le vice ordinaire des pensées brillantes

tes, c'est à dire, peu de justesse & de bon sens. Car que signifie cela, *que les noms de ceux qui gouvernent leur seroient inconnus s'ils ne les apprenoient par les prieres qu'ils adressent à Dieu pour la conservation de leurs personnes.*

C'ette pensée est absolument fausse. Peut-estre seroit-elle véritable si les moines de la Trape naissoient dans ce convent, ou si dés leur plus tendre enfance ils y avoient esté élevez ; parce qu'alors comme on n'auroit pas pris soin de les instruire des noms des Princes regnans, ils auroient par conséquent pû les ignorer. Mais quelle apparence que des gens qui ont eu commerce avec le monde, & qui ne l'ont quitté qu'aprés l'avoir connu, n'ayent pas sû, du moins le nom de leur Roy, &

& ayent eu besoin de prier Dieu, & de lire les oraisons que l'Eglise fait pour luy, afin de l'apprendre. Si ce n'est qu'on veuille dire qu'ils l'ont oublié à la porte du convent, mais qu'heureusment pour les Rois l'Eglise les en a fait ressouvenir. Ce qui est aussi peu vray-semblable que le reste.

TIMOCRATE

Qui feroit ainsi l'anatomie de toutes les pensées, il y en auroit bien de rebut; puis qu'une aussi belle que celle que vous éxaminez est fausse par les régles. Mais je voudrois bien savoir au moins comment on peut se défendre de ces fausses lueurs.

PHILANDRE

Il est difficile de n'estre pas ébloüi du premier éclat, & il faut avoir le génie bien pénétrant

Reliure serrée

trant pour en découvrir d'abord le foible. C'est pourquoy il est si aisé d'y estre trompé dans la conversation où le nombre des pensées qui se suivent ne permet pas qu'on en examine aucune. Au lieu que dans un livre où la mesme chose se peut présenter diverses fois à l'esprit il est impossible d'y estre trompé en y faisant un peu d'attention. Ou s'il arrive qu'on le soit, c'est une erreur volontaire qui vient de ce qu'on trouve plus de satisfaction en se laissant éblouïr qu'en dissipant l'illusion, de mesme que ces personnes qui cherchent dans une perspective éloignée le plaisir des yeux & qui se tiennent exprés dans une certaine distance de peur de le finir en s'approchant. Mais je m'apperçois Timocrate que vous me faites faire un plaisant personnage, & que c'est icy le monde renversé; car je fais le maître & vous le disciple.

TIMOCRATE
C'est plûtost le monde dans son ordre naturel, les ignorans estant d'ordinaire les disciples des savans. Aussi je me fais un tres-grand plaisir de vous entendre, & je vous proteste que je me félicite d'avoir paru d'un sentiment opposé au vôtre à l'égard du livre *des saints devoirs*; puisque cette opposition vous fait dire tant de choses que je prens plaisir à entendre. Continuons donc, je vous prie, cette conversation.

PHILANDRE
Je ne réponds plus aux loüanges depuis que l'autheur des refléxions morales m'a appris

pris *que leur refus est un desir d'être loüé deux fois.* Ainsi j'aime mieux vous obéïr que de faire le modeste à contre temps. Vous avez vû le beau tableau que l'Abbé a fait de ses Religieux, si vous voulez voir celuy qu'il fait de sa personne sous l'idée du parfait supérieur vous n'avez qu'à voir la page 193. & les suivantes, & ensuite comparer ce portrait à celuy qu'a fait l'autheur des entretiens de l'Abbé Jean, de son héros; & vous verrez que vôtre saint s'est peint luy-mesme des mêmes couleurs dont il l'avoit des-ja esté par un autre, pour marquer combien il est persuadé que les éloges qu'on luy a donnez sont justes & raisonnables. Mais sans m'arréter à cette remarque souffrez que je vous en face une autre sur un endroit

endroit qui mérite d'estre observé, parce que vous y verrez comme en abrégé le but de tout l'ouvrage qui consiste, comme j'ai esté obligé de vous le dire plusieurs fois, à établir la gloire de l'autheur sous prétexte de faire revivre la perfection monastique dont il n'est le rastaurateur qu'autant qu'elle peut aider à humilier les Religieux & à l'élever luy-mesme. Voicy le passage. Il est repété en tant d'endroits qu'on le trouveroit presque par tout à l'ouverture du livre. *Les Superieurs Monastiques tiennent à l'egard des Religieux la place de Jesus Christ, ils sont ses Vicaires, ils conduisent en son nom, ils ont son authorité & sa puissance.* pag. 193.

PHILANDRE.

Je n'avois point remarqué cela

cela, quoy qu'il mérite assez de l'estre, car je trouve effectivement que c'est avoir trop de vanité pour un moine, que d'usurper ces grands titres ; puisque les Evêques, les Archevêques, les Cardinaux, les Papes mesmes ne seront pas plus que les moines, si les moines sont comme *eux Vicaires de J. C.* & ont comme eux, *son authorité & sa puissance.*

PHILANDRE

Hé bien ! quel mal y aura-t'il à cela ? Au lieu d'un Souverain Pontife, il y en aura un milion. Car selon le principe étably chacun aura sa jurisdiction. L'Abbé sur des Solitaires, sur des saints, & l'Evêque sur des hommes mondains. Tous deux éxerçant l'authorité de J. C. seront absolus chez eux. Le Prelat qui prétendra avoir
ins-

inspection sur les religieux comme il avoit autrefois sera déchû de ses droits; s'il veut reformer cette petite République Chrétienne elle se moquera de luy. Les Moines diront nous avons un Supérieur qui est le Vicaire du fils de Dieu, qui a son authorité & sa puissance, pouvez vous estre aprés cela quelque chose plus que luy ? Non sans doute. En vertu dequoy donc prétendez vous veiller sur nôtre conduite ? Et qui vous a étably juge sur nous ? Que peut à cela répondre le Prélat ? Rien sinon ce que le Sauveur du monde disoit autrefois aux Scribes & aux Pharisiens, qui par de fausses gloses corrompoient la pureté de la doctrine. *Non sic erat ab initio.*

Timocrate

Il est vray que dans leur premiére institution les Solitaires marquoient plus d'humilité, & que si quelques-uns dans le relâchement de la discipline ont voulu se soustraire à l'authorité des Evêques, toute l'Eglise s'y est opposée & a regardé cela comme une innovation.

Philandre

Pour peu qu'on ait lû l'histoire de l'Eglise on demeurera facilement d'accord de ce que vous dites, & on verra que l'Abbé de la Trape qui fait le restaurateur de la perfection monastique, bien loin de la soutenir la détruit absolument, confirmant une maxime que la licence des siécles & la corruption de l'Eglise avoit fait naître. Vous sçavez Timocrate te, & vous l'avez, à ce que je croy, tantôt remarqué vous-mesme, que les premiers Solitaires étoient de simples Laïques qui ayant goûté par accident les douceurs qu'on trouve hors du commerce du monde ne voulurent plus s'y rengager. La prospérité de l'Eglise aulieu de les y rapeller les en éloigna. Ils jugerent ses honneurs trop grands pour des personnes qui faisoient toute leur étude de l'humilité. Ils emploiérent mesme jusqu'à l'artifice pour se maintenir dans cet état, lors que les Evêques pressez par les besoins de l'Eglise voulurent ravir aux déserts ces lumieres dont le monde avoit d'autant plus de besoin, qu'il commencoit à n'en estre plus si digne qu'auparavant. Ceux qui ne purent résister à la voix de Dieu & aux instances des peuples reçurent les ordres, les uns pour la Prêtrise, les autres pour l'Episcopat. Et alors on ne les regarda plus comme des Moines, mais comme des membres du Clergé, parce que pour estre censé Moine il falloit être solitaire & laïque. Les choses continuërent de cette sorte jusqu'au cinquiéme siécle, où les Moines dégenerant de leur prémiére innocence voulurent prendre connoissance des affaires de l'Eglise, en se mêlant dans les disputes qui naissoient au sujet de la Religion. Les Empereurs & les Evêques reprimérent d'abord cette licence. Mais comme les déréglemens ont par la permission de Dieu de certains période odes où il faut nécessairement qu'ils arrivent, les loix furent méprisées, le torrent ne trouvant plus de digues qui l'arrêtassent se grossit si prodigieusement que l'Eglise pensa en être submergée. Les Moines pour qui l'on avoit toûjours jusqu'alors offert le saint sacrifice le voulurent offrir eux-mesmes, de laïques ils devinrent clercs, estant clercs il n'y avoit plus qu'eux à officier : ils se bâtirent de superbes Eglises aux quelles ils joignirent des maisons magnifiques au lieu des Cabanes & des trous de Rochers qu'ils habitoient auparavant. L'aise acheva de les perdre, Maîtres de l'Eglise par leur nombre, & du monde par leurs revenus, ils ne vouloient plus recevoir la loy des Evêques, il fallut

que

que l'authorité des conciles intervint. Plusieurs y résistèrent, les supérieurs estimant que leur jurisdiction suffisoit. Les conducteurs de l'Eglise s'y opposérent toûjours, en plusieurs lieux avec succez, en quelques autres vainement, tant il est vray que l'humilité est difficile à rétablir dans des cœurs d'ou elle a été chassée. Il...

TIMOCRATE.

Permettez moy de vous interrompre pour vous dire qu'il me semble que cette histoire fait contre vous, & justifie l'Abbé de la Trape; puis qu'elle fait voir d'un côté qu'il a eu raison de se plaindre que l'ordre monastique estoit si corrumpu qu'on ne le reconnoissoit plus ; & qu'elle monstre de l'autre que vous avez tort par

par conséquent de regarder comme une Satyre contre les Religieux ce qui n'est qu'un recit fidelle de ce qu'ils pratiquent.

PHILANDRE.

Cette objection fortifie ce que j'ay avancé au lieu de le ruiner, & prouve invinciblement que l'Abbé de la Trape qui fait tant le saint ne l'est pas plus que le moine le plus relâché. En effet si vous y avez pris garde Timocrate, vous avez pû remarquer que les reproches que l'autheur du livre que nous éxaminons, fait aux solitaires, sont sur des choses de rien ; ce qui est le vray caractére de la Satyre & de la médisance ; comme par éxemple, sur ce qu'ils ne gardent pas un silence perpétuël, qu'ils sortent de leurs monastéres pour les besoins des misérables, qu'ils n'observent pas un jeûne assez austére, ou qu'ils expliquent une régle un peu trop à leur avantage; au lieu qu'il tait tout les autres relâchemens que je vous ay marquez; & cela parce qu'il en est coupable & qu'il ne veut pas y renoncer. Car s'il avoit le dessein comme il veut le faire croire, de remettre l'ordre monastique dans son prémier état, ne devoit-il pas commencer par habiter un désert, & vivre en Anachoréte & non pas en Cœnobite? devoit-il retenir comme il a fait un Abbaye de 8 ou 9000 livres de rente, puisque les Pauls, les Antoines, les Hilarions n'en avoient point? ne devoit-il pas choisir pour la retraite un lieu moins agréable, & où il n'y eut pas tant de prairies de ruisse-

ruisseaux, de belles forests ny une maison si propre, car cela n'est point de l'institution? Et puis que la cléricature dans les Solitaires est encore la suite d'un violement de discipline, ne devoit-il pas témoigner au moins sa douleur de ne pouvoir se réformer sur cet article, les ordres estant un caractére indélébile? Mais sur tout devoit-il usurper une authorité blâmée par tous les Conciles, plûtost tolérée en quelques lieux qu'établie, & improuvée par la plûpart de ces moines qu'il traite de libertins & de profanes?

L'abaye de la Trape est dans un vallon où tout cela se trouve.

TIMOCRATE.

Je voy à present le foible de mon objection, & je commence à m'appercevoir que l'autheur de ce livre a *coulé le moucheron & englouty le chameau*,

comme parle l'Ecriture, c'est à dire, qu'il a fait le rigide sur des choses de rien, & passé sous silence celles qui estoient importantes. On découvre la dedans un étrange effet d'amour propre, & qui n'est pas tout à fait à l'avantage de cet Abbé. Mais cela ne m'empêche pourtant pas d'avoir encore quelque bonne opinion de luy, car je ne saurois croire qu'un homme qui parle aussi bien de dévotion qu'il en parle n'en sente beaucoup, quoy qu'il marque de l'infirmité dans son zéle, & qu'il ne s'efforce pas assez à détruire certaines passions qui devroient estre moins fortes chez un Solitaire.

PHILANDRE

Je ne prétens point m'opposer à ce qui vous reste d'estime pour cet ouvrage. Mais
croyez

croyez, moy Timocrate, un livre de pieté n'est pas toûjours un bon garand de celle de l'autheur. Comme le Christianisme est pour l'éloquence le plus beau sujet du monde, on y écrit p'us facilement que sur aucun autre; & c'est cette facilité plûtost que la droiture des sentimens qui fournit aujourd'huy tant d'écrivains. L'esprit en cette occasion fait l'office du cœur, on l'échauffe, on l'excite pour produire des pensées devotes & on y réussit à peu prés comme un poëte sans amour réussit dans une élegie ou il exprime une passion qu'il ne sent point, & lequel à force de *pressurer* son esprit luy fait dire des choses semblables à celles qu'inspirent l'amour, & qui trompent tous ceux qui ne sont ny bons connoisseurs ny veritables amans.

TIMOCRATE

A ce que je voy, Philandre, le cœur selon vous ne se fait guere voir aux hommes. Et il en faudra dire ce que Mr. de la Roche-foucaud a dit du veritable amour, qu'il en est de luy comme des esprits que tout le monde en parle & que personne ne l'a vû. J'avois cru l'appercevoir chez l'Abbé de la Trape, je commence à craindre qu'il n'y soit pas, dites-moy donc au moins où on le peut trouver.

PHILANDRE

Pour répondre sérieusement à ce qui est peut-estre une raillerie, je vous avoüeray que depuis les ouvrages des Apôtres je n'ay point trouvé de livre de dévotion ou le cœur soit plus répandu que dans *l'Imitation*

tion de *Jesus Christ*, je parle de l'original, & non des traductions, sur tout de celle de Port-Roial qui me paroît trop peignée & trop habillée en Courtisane. Le style, les pensées, le tour en sont simples, les maximes sages & chrétiennes sans estre outrées, le néant de la créature s'y voit dans toute son étenduë, les *obliquitez* de son esprit s'y découvrent, c'est un portrait naïf de nôtre corruption, mais dont personne ne se peut plaindre quoy que chacun s'y reconnoisse, parce que nul ne s'y trouve flêtry en particulier. La Satyre n'occupe point de place dans ce lieu, la vertu s'y enseigne sans scandale & le pécheur s'y corrige sans chagrin. Comparez, Timocrate, ce caractére à celuy qu'on remarque dans *Les saints*

Devoirs de la vie monastique, & vous verrez lequel de ces deux ouvrages est la production du cœur.

TIMOCRATE

La comparaison est toute faite, & je donne sans balancer le prix à qui vous le donnez. Car bien que je vous aye dit tantôt que j'aimois l'esprit & le brillant jusque dans les sujets de dévotion ; cependant la simplicité de l'Imitation de Jesus Christ m'a toûjours charmé & me l'a fait préférer à toutes les autres productions de cette nature.

PHILANDRE

Puisque nous nous trouvons d'accord sur une chose où apparemment nous ne le devions pas estre vû la diversité de nos gouts, je pense que nous le serons encore sur un endroit que

que je trouve icy & qui me paroît fort surprenant, particuliérement dans un homme comme l'Abbé de la Trape qui affecte par tout une grande érudition : c'est celuy-cy, où il dit, *qu'il n'est pas besoin qu'un Supérieur sache ny la tradition de l'Eglise, ny son histoire, ny ses canons*; & où il veut même insinuër, qu'il se pourroit passer de la lecture de la parole de Dieu, parce, adjoute-t'-il, *que l'étude des choses les plus saintes a ses dangers aussi bien que ses avantages.*

pag. 201

TIMOCRATE.

Vous avez eu raison de croire que je ne m'écarterois point de vôtre sentiment là-dessus. Car il me semble qu'après les livres du Vieux & du Nouveau Testament on ne sauroit puiser dans des sources plus pures & plus salutaires que les saints
Con-

Conciles, les anciennes traditions, & l'histoire Ecclésiastique, qui nous monstrent dans la naissance & dans les progrez de l'Eglise des choses si édifiantes, l'innocence des premiers Chrétiens, leur zéle à défendre la verité, leur constance dans le martyre, leur humilité dans ces pénitences publiques où l'on rougissoit à la face de tout le monde d'un crime commis quelques fois en secret & presque toûjours par fragilité, & enfin la grandeur de leur foy dans ces longues années d'humiliations pendant le cours desquelles on passoit par 4 dégrez dont le plus doux seroit aujourd'huy regardé comme un dernier excez de sévérité si un Confesseur l'ordonnoit. Que je trouve Philandre cette lecture utile à tout le monde, c'est un mi-

miroir devant lequel on apprend à corriger ses défauts. La ferveur de ces prémiers fidelles fait le procez à nôtre tiédeur, leur humilité confont nôtre orgueil, & on ne sauroit les voir si saints sans estre confus de l'estre si peu.

PHILANDRE

Vous parlez Timocrate en veritable Chrétien, quand vous parlez de la sorte. Vous savez que le monde est si plein de mauvais exemples qu'on doit travailler incessamment à se munir contr'eux par la consiration des bons. Il est bien vray que des Solitaires dont l'unique profession est de servir Dieu & de se sauver en le servant ont moins de choses à craindre de ce côté-là que ceux qui vivent dans le monde, mais ils ont néanmoins encore bien des combats

bats à rendre. L'ame de chaque pécheur est une source de mauvais exemples d'autant plus à redouter qu'ils sont toûjours présents à nos yeux. C'est pourquoy il ne faut rien négliger pour y en opposer d'autres. D'ailleurs concevez-vous ce que peut faire un Religieux dans un désert sans ces aides à la dévotion. L'esprit incessamment occupé à la priere ou à la meditation se relâche se distrait, le cœur s'épuise de pensées, l'imagination lasse d'un même objet se laisse entraîner ailleurs, & souvent par un seul écart fait plus de crimes qu'elle n'en sauroit expier dans plusieurs journées de priéres continuelles. Au lieu que trouvant à s'occuper dans une sainte lecture, elle n'a pour ainsi dire, pas le tems de pécher, elle s'y nou-

nourit avec plaisir & y prend de nouvelles idées qui rappellent & perfectionent les prémiéres.

TIMOCRATE.

Mais que répondez vous Philandre aux exemples que nôtre Abbé apporte des Hilarions, des Antoines, & des Pacômes, qui ne donnoient pas un seul moment du jour à la lecture.

PHILANDRE.

Je dis prémiérement qu'à cet égard ils ne sont pas imitables, parce que l'esprit de Dieu ayant agi en eux d'une maniere toute particuliere on doit presumer qu'il faisoit par luy-mesme ce qu'il veut que les autres facent par des moyens plus proportionnez à l'ordre de la nature. Je dis en second lieu qu'il y a de la différence entre des gens qui se destinent d'eux-mesmes

mesmes à la conduite des ames comme font la pluspart des Abbez d'aujourd'huy, & d'autres qui n'ont esté choisis que par accident, comme ont esté ces saints dont je parle : car l'ordre monastique ayant commencé à eux il est aisé de comprendre qu'ils ne pensoient guére à estre directeurs lors qu'on les choisit pour cela. Au contraire leur humilité estoit si grande qu'ils fuioient encore plus cet honneur qu'on ne l'ambitionne aujourd'huy, tremblant incessamment de n'estre pas ce qu'ils devoient estre, ils n'avoient garde de se proposer comme des modelles aux autres : & je ne doute pas que s'ils avoient crû estre un jour appellez à conduire un nombre de solitaires, ils n'eussent cherché dans les ouvrages des saints

saints qui les avoient précedez des aides pour ceux qui devoient estre les conducteurs, & pour ceux qui devoient estre conduits.

TIMOCRATE

Je goûte fort ce que vous dites & je pense que l'exemple de ces bien-heureux Anachoretes ne peut non plus servir de preuve en cet endroit que celuy des Apôtres, qui estoient sans science lors qu'ils furent destinez du Ciel pour porter en tous lieux la lumiére de l'évangile, ne peut estre emploié à prouver qu'un Euêque un Prêtre ou un Curé n'a pas besoin d'étude ny des connoissances qui s'aquierent par la lecture des livres pour guider plus surement les peuples que Dieu a confiez à ces soins.

PHI-

PHILANDRE

Ce principe est si certain que l'Abbé de la Trape n'a pû l'établir sans se contrédire, puisqu'il avoit avancé auparavant *qu'à la meditation des écritures il* *faut joindre la lecture des ouvra-* *ges des saints Peres qui parlent de* *la conduite & du reglement de la* *vie, & ce que les Ecrivains Ec-* *clesiastiques ont ecrit des vies, des* *actions, & des sentimens des saints* *Moines.* Car s'il est necessaire de savoir cela, je ne voy pas comment il peut soûtenir, sans une grosiére contradiction *qu'un superieur ne seroit pas moins* *digne de son employ quand il ne* *sauroit ny la tradition de l'Eglise,* *ny son histoire, ny des canons,* la tradition sur tout faisant selon tous les bons Catholiques une partie de la Religion. Je croy qu'il seroit assez difficile de concilier

pag. 199.

pag. 201.

lier sur cela l'autheur avec luy-mesme à moins qu'on ne soûtienné qu'il a voulu dire par là qu'un moine ne laissoit pas d'être un fort digne Abbé, quoy qu'il ne fût pas s'il conduisoit ses religieux suivant les regles que l'Eglise a prescrites, & qu'il ignoraft même jusqu'aux articles de la foy en ignorant la tradition.

TIMOCRATE

Plus vous éxaminez ce livre plus j'en découvre le foible. Et je commence à m'étonner que les quatre illustres Prélats qui luy ont donné de si authentiques approbations n'y ayent pas fait retoucher, une partie des endroits que vous avez fort justement critiquez.

PHILANDRE

Vôtre étonnement seroit encore plus grand si nous avions par-

parcouru tout le livre, parce que nous y aurions vû un grand nombre de choses semblables à celles que nous avons remarquées, & les quelles n'ont apparemment point esté censurées par M" de Reims, de Meaux, de Luçon & de Grenoble, qui sont les approbateurs ; puis qu'un autheur n'oseroit publier ce qu'ils auroient censuré. Vous estes surpris de cela Timocrate, mais pour moy je ne le suis point, parce que je say de quelle maniére les approbations s'accordent. Un Prélat distrait par une infinité de fonctions attachées à son employ se fait lire d'ordinaire la préface avec quelques-unes des prémiéres pages d'un ouvrage à l'éxamen duquel il est commis, & donne en suite le reste à éxaminer à quel-

quelque Prêtre de sa suite qui sera Docteur de Sorbonne par honneur. Mais le Prêtre qui a souvent plus de titres que de lumiéres, & qui se laisse prévenir où par l'esprit de Jansenisme, ou par ces grands termes de *crucifiement*, de *denuement* dont le public est redevable au sieur du Beuil traducteur de l'imitation de Jesus-Christ, & dont toute la cabale Jansenifte se sert, raporte à Monseigneur que ce livre est *plein d'onction* & marque que l'autheur est *tout abîmé en Dieu*. Sur ce temoignage le Prélat luy ordonne d'en donner un. Le Docteur aprés un tel commandement s'enferme dans son cabinet, médite & cherche quelque pensée brillante sur laquelle roule l'approbation, qu'il travaille à peu prés autant

tant que Lully un Opera.

TIMOCRATE

Il est vray que la pluspart de ces sortes de pieces sont de vrais Opera, & quelles n'ont point cette simplicité que demande une chose de cette nature. Il n'y a pas long-tems ce me semble, que l'usage s'en est introduit, & c'est le Jansenisme si je ne me trompe, qui a le premier fait faire *cette grande dépence d'esprit* à ses approbateurs; car je remarque qu'auparavant on n'en remplissoit point des vingt & trente pages, comme il s'est vû depuis dans tous les livres de Port-Roial. Les Jesuites s'en sont plaints plusieurs fois, & ont mesme voulu prouver par là que leurs ennemis estoient hérétiques; parce que c'est d'ordinaire l'artifice des innovateurs, de sur-
pren-

prendre des approbations des Evèques, afin d'imposer aux peuples avec plus de facilité.

PHILANDRE.

Cela s'appelle en bon françois faire arme de tout, que d'employer jusqu'a cette preuve. Mais Timocrate, ne vous appercevez vous point que le soleil baisse extremément, & que l'heure de la promenade se passe. J'ay tenu ma parole, je vous ay monstré une partie de ce que j'avois avancé au sujet du livre de l'Abbé de la Trape; tenez-moy la vôtre, vous m'avez promis de m'accompagner aux Thuilleries, allons y donc maintenant je vous en prie.

TIMOCRATE.

Je le veux, mais c'est à condition que vous me donnerez demain toute l'apresdinée, &

que vous l'emploierez à faire sur le second voulume, ce que vous avez fait sur le premier. Vous avez commencé à me des-abuser, vous estes en conscience engagé à achever cet ouvrage.

Philandre

Mais, Timocrate, vous n'y pensez pas & vous jouëz à nous perdre auprés de tous les devots de profession qui nous feront une guerre eternelle, s'ils savent jamais que nous nous sommes trouvez ensemble de dessein formé pour critiquer ce qu'ils admirent peut-estre, sans l'avoir compris.

Timocrate

Je donneray tous les ordres imaginables, afin qu'on ne sache point le sujet de nôtre conversation. Du reste reposez vous sur moy. Je me feray ana-
the-

theme pour vous en cas que ces faux zelez vous attaquent, & vous disculperay ainsi à mes dépends; quelle autre caution voulez vous d'avantage?

PHILANDRE

Nulle. C'est pourquoy je vous promets d'estre éxact au rendez-vous, puisque vous le voulez ainsi. Mais allons, le carosse est à la porte.

FIN.

SECOND ENTRETIEN.

DE
TIMOCRATE & de PHILANDRE

Vous voiez Timocrate mon éxactitude à me trouver au rendez-vous que vous me donnâtes hier, & je prétends que vous m'en ayez obligation; parce que le métier de censeur que vous voulez que j'y fasse, est si fort éloigné de mon caractére, que je ne le souffre mesme qu'avec peine dans les autres.

TIMOCRATE.

Je vous pardonnerois cette justification, si je vous donnois d'autres auditeurs que moy: mais cela n'estant pas, vôtre préambule est injuste; car enfin on n'aura jamais d'ouverture de cœur si l'on n'en a d'amy

à

à amy ; & je croy que c'est se priver d'un grand bien que de renoncer à ces entretiens où l'on dit librement ce qu'on pense d'un autheur, de ses ouvrages & des motifs qui l'ont fait écrire ; puis que c'est dans ces sortes d'occasions qu'on aprend à donner à l'esprit cette justesse & cette droiture, qu'on n'acquiert jamais que par de fréquentes refléxions sur soy mesme & sur les autres. Surmontez donc, je vous prie, vôtre aversion pour la critique, & dites-moy vos sentimens sur le second tôme des saints devoirs de la vie monastique.

PHILANDRE.

Je n'ay pas prétendu, par ce que j'ay dit, m'exempter de faire ce que nous avions résolu hier. Une preuve de cela, c'est que

que j'ay passé une partie de la matinée à parcourir le deuxiéme volume, & que j'y ay marqué divers endroits sur les quels je veux avoir vôtre avis.

TIMOCRATE.

Dites plûtost des quels vous n'éstes pas content, car vôtre air me persuade que voila ce que vous voulez me faire entendre.

PHILANDRE

Le premier endroit qui m'a frapé, & que je n'ay lû qu'avec indignation, est la suite d'un dogme contre lequel nous nous recriâmes hier, & par lequel l'autheur détruit dans un solitaire tous les mouvemens de tendresse & de charité à l'egard du prochain. Comme il n'en avoit point alors fait d'application particuliére, cela ne

m'avoit

m'avoit pas parû si moustrüeux: mais quand je l'ay vû appliquer sa maxime contre ce que nous devons à nos péres & à nos méres, je vous avouë que cette pensée ma fait horreur. C'est cependant sur cela qu'il insiste le plus, & le quart de son livre est emploié à soûtenir ce dogme pernicieux. Ces preuves à la vérité sont pitoiables, mais ce n'est pas tant sa faute que celle de la matiére; & si la plus sage loy du Christianisme n'est pas abolie, on peut dire qu'il n'a pas tenu à luy.

TIMOCRATE.
Je seray fort aise que vous examinies un peu ce qu'il dit la-dessus, & vous m'obligerez de me monstrer l'endroit.

Philandre

Vous n'avez qu'a lire depuis la page 69. jusqu'à la cent quarante huit; vous y verrez par tout l'autheur occupé à sapper les fondemens du Christianisme, & travaillant à faire des cœurs de pierre & de bronze. Il ne veut point que son solitaire subvienne à son pére dans quelque indigence qu'il soit reduit, s'il ne le peut secourir qu'en quittant son cloître. Il aime mieux voir le pére succomber à la faim qui le presse, que de voir le fils sortir de sa cellule pour conserver la vie à celuy du quel il la tient. Il ne veut pas *qu'il luy face part des biens du monastére; n'y qu'il le face subsister du travail de ses mains; parce que son tems, ny ses actions, ny sa personne mesme ne* pag. 75 *sont pas dans sa disposition.* Il ne veut

veut pas non plus *qu'il le console*,
ny par ses discours ny par ses lettres,
puisqu'il n'a plus de commerce a-
vec le monde, & que toute commu-
nication extérieure luy est interdite:
mais seulement qu'il se mortifie &
qu'il prie Dieu pour luy. Il cite à
ce sujet Saint Bazile & quelques autres Saints, qu'il ne
nomme pas. Que dire aprés
cela ?

TIMOCRATE

On doit alléguer un Apô-
tre, un Saint Jaques, qui nous
apprend que c'est avoir une
foy fausse, une foy sans œuvre,
que de faire des vœux & des
souhaits pour des gens qu'on
peut secourir d'une autre ma-
niére. L'éxemple qu'il raporte, semble estre fait exprés contre les religieux de la Trape.
A quoy sert, dit-il, de répondre

St. Jacq. cap. 2.

dre à un pauvre travaillé de faim, Allez en paix, chauffez-vous & vous rassasiez, si vous ne luy donnez rien de ce qui est en vôtre puissance & de ce qui pourroit le soulager? C'est pourtant là la maniére d'assister, qui se pratique dans cet ordre si saint & si reformé. Quand les soupirs d'un pauvre expirant de misére penetrent ces demeures saintes, on ne fait point comme cet ancien Anachoréte dont parle Socrate, qui n'ayant qu'une Bible la vendit pour en faire une aumône disant, *j'ay vendu ce livre qui m'apprend à vendre tout ce que j'ay & à le donner aux pauvres.* On empêche que les provisions du couvent ne passent chez ce malheureux, on pri seulement pour luy, & on luy répond d'un lieu ou il ne manque

Hist. Eccles. lib. 4. cap. 18.

que rien, *abite cum pace, calescite & saturamini*, allez en paix, chauffez-vous, soiez rassasié, mais que ce ne soit pas à nos dépends. Le bon Dieu vous benisse, pourvû qu'il n'en coûte rien à la communauté.

En vérité Philandre, je vous suis infiniment redevable de me guérir de l'estime que j'avois pour cet ouvrage ; car je regarde cela comme une maladie, & je ne comprens plus comment tant de gens ont pû goûter cette morale.

PHILANDRE

Pour moy je le comprens fort bien, car outre la raison que je vous en disois hier, il y en a encore une autre bien forte fondée sur le propre naturel de l'homme qui ne prend que les extremitez de chaque chose. Tout ce qui est outré luy

luy plaît. La pluspart du temps il n'en sait pas la raison, parce qu'il ne la cherche pas. mais quand il s'attache à la connoître, il s'aperçoit, que le déreglement de son cœur fait le déréglement de son goût. Je n'en veux point d'autres preuves, que l'effet que ces fausses rigiditez produisent sur l'esprit des plus débauchez. Quelque indifférence qu'ils ayent pour la religion, ils ne laissent pas d'aimer ceux qui la pratiquét d'une maniére outrée; & ils se font un plaisir de l'oposition qu'a ce genre de vie avec un plus moderé, par cette raison seulement, que ce qui est outré condamne ce qui ne l'est pas, & qu'ils trouvent dans cet excez de dévotion dequoy répondre aux plaintes que les gens de bien font ds leur libertinage. Car disentsent-ils nous sommes libertins à la vérité, nous n'avons pas beaucoup de foy pour les mystéres du Christianisme; & vous, vous étes des Chrétiens relâchez qui accommodez la religion à vos maximes, au lieu de vous accommoder aux siennes. Vous n'observez point tels & tels préceptes que ceux-là observent, vous ne vivez point comme eux quoy que vous espériez ce qu'ils espérent. Ils soûtiennent qu'on ne se sauve qu'en suivant la voie par où ils marchent, pourquoy donc tenez vous un chemin si oposé au leur? TIMOCRATE

Que j'ay de joie Philandre, quand je vous vois faire ces découvertes sur le cœur humain en y cherchant les véritables causes d'une infinité d'actions dont si peu de personnes cherchent

chent le vray principe. Quelque difforme qu'un cœur paroisse aprés ces recherches, on ne laisse pas de les aimer; parce que nous avons toûjours dans l'ame un certain fonds d'amour pour la vérité qui fait qu'on sent un plaisir secret déslors qu'on commence à l'entrevoir.

Philandre

Il est vray que quelque grande qu'ait esté nôtre corruption, elle n'a jamais pû effacer ce caractére qui est gravé dans le fond de nôtre ame. Et c'est une chose bien glorieuse pour la vérité qui est si souvent combatuë par la superstition & par l'erreur, de ce qu'elle trouve dans les propres combats qu'on luy livre une preuve du pouvoir dont elle doit joüir dans le monde: toutes les extravagances aux quelles le cœur humain s'est

s'est abandonné en matiére de religion, ayant eu pour fondement une premiére vérité dont chacun s'est fait une idée selon son caprice. Car on ne doit pas s'imaginer que l'homme ait pris à tâche de la détruire: on l'attaquoit sans y penser, on se flattoit qu'on pouvoit l'accommoder avec les passions; on l'a fait, & c'est ce qui la perduë, le libertin en se relâchant insensiblement, le superstieux en devenant la dupe de son propre cœur qui ne luy permettoit pas de voir que le ressort secret qui le portoit à étendre les bornes de la vérité ne naissoit que de l'envie qu'il avoit d'étendre les siennes, en se faisant luy-mesme l'arbitre des loix dont il devoit dépendre. C'est ainsi que nous allons à nos fins la pluspart du tems par des routes qui nous sont in-
co-

gnuës, & que nous nous cherchon nous-mesmes, quand nous croyons chercher Dieu. Le penchant que nous avons à nous aimer à fait cela sans beaucoup de peine, une habitude invéterée la confirmé, rien ne le sauroit desormais changer. Le cœur a ses rides aussibien que le front, quand une fois elles y sont tracées, c'en est fait, il n'y a plus de remede: c'est le caractére du viel-homme, il est ineffaçable.

TIMOCRATE.

Cette refléxion est si juste à mon gré que je croy que je prefererois à present le plaisir de vous l'entendre continuër, à celuy d'ouïr la fin de la critique que vous avez entreprise pour moy,

PHILANDRE.

Vous y perdriez trop Timocrate, car quand il n'y au-

auroit que la preuve qu'apporte l'Abbé pour établir le principe qu'il a posé, & les justes pensées qu'une si saine opinion luy a fournies, cela seul est d'un prix infiny. Savez-vous comment il prouve qu'un solitaire ne doit plus prendre aucun soin de ses parens, quand il a une fois embrassé les austeritez du Cloître ? c'est par ce passage de St. Mathieu, *dimittet homo patrem & matrem, & adhærebit uxori suæ.* Personne, dit-il, n'oseroit contester que ce soit un droit légitime du mariâge, de soustraire les enfans de la dépendance des péres & de les en séparer pour toûjours. Or adjoute-t'il, puisque l'alliance des personnes qui sont dans les liens des vœux, les unit à Jesus Christ d'une maniére plus étroite, il y a bien moins d'apparence de vouloir que ceux qui sont

pag. 71. 72. 73.

sont une fois consacrez à J. C. s'en séparent, le quittent, & se retrouvent dans les embarras du monde pour subvenir aux nécessitez de leurs parens.

TIMOCRATE

Avec de si mauvais fondemens il ne sauroit élever d'édifice solide; car qui a jamais ouï dire que ce précepte de J. C. *l'homme laissera son pere & sa mére pour se joindre à sa femme*, ôte aux parens les droits qu'ils ont sur leurs enfans, & les rendent indépendans pour toûjours. Il est bien vray que ceux du mariage relâchent un peu ceux de la paternité, s'il m'est permis de parler ainsi; mais il n'est pas vray qu'ils les rompent. Que si ce sacrement sépare presque toûjours aujourdhuy les péres d'avec les enfans, ce n'est pas tant le défaut

faut des liens que de ceux qui font liez. Comme la jeuneſſe aime naturellement la licence, & quelle ne cherche que les occaſions de ſecoüer un joug qui l'arreſte, y trouvant un pretexte dans le mariâge, elle le fait ſervir, de meſme que toutes les autres choſes de la religion, de couverture à ſes libertinages & à ſes caprices; ravie de pouvoir s'autoriſer de la parole de Dieu, elle ne manque guére à la citer ſur ce ſujet, ne voiant pas que ce commandement n'a lieu qu'en certains cas; Dieu ayant ſeulement voulu nous apprendre par là, qu'il y avoit des liens encore plus forts que ceux qui naiſſoient de la rélation de pere & de fils; & que comme les plus étroites unions le doivent emporter dans des rencontres ſur celles qui le ſont moins; ainſi on
devroit

devoit plûtoſt dans l'extremité ſe ſeparer de ſon pére que de ſa femme; mais cela ne ſuppoſe nullement, quoy qu'en diſe l'Abbé de la Trape, qu'on le doive faire dés qu'on eſt dans le mariage.

PHILANDRE.

Vous eſtes entré juſtement dans le ſens de ce précepte que l'Autheur n'avoit garde de prendre ainſi, parce qu'il avoit beſoin d'une preuve & qu'il ne l'auroit pas trouvée en luy donnant une autre explication. Car ſi vous entendez ce paſſage d'une ſeparation de contrainte & non de droit, il faudra dire, afin que la comparaiſon ſoit juſte, que pour eſtre ſolitaire de profeſſion, on n'eſt pas obligé de rompre tous les liens que le ſang a formez, ny de refuſer de ſortir d'un cloître

tre pour nourir un pére mourant de faim, pour le consoler dans l'adversité, & même pour le faire rentrer dans le chemin du salut, quand il s'en est écarté. Or comme vous voiez, la moralité ne seroit pas assez outrée; & l'on ne se distingue point dans le monde en suivant les opinions communes quoy que bien sensées; ce qui est un grand malheur pour ceux qui aspirent à cette distinction.

TIMOCRATE.

Mais, qu'est-ce que répond l'autheur aux difficultez qui naissent de son principe ? Ne s'y fait-il pas des objections comme sur les autres matiéres, & ne tâche-t'il pas à les résoudre ?

PILANDRE.

Il fait comme à son ordinaire

naire des doutes plus forts que les *solutions*, & s'embarasse dans de grands raisonnemens, d'ou résultent des contradictions fréquentes, qui est le défaut general de son ouvrage, contre lequel on feroit un juste volume en ne remarquant que les plus grossiéres. Il dit à la vérité, que *le précepte d'honorer les péres oblige les religieux comme les autres hommes, mais que les moiens de l'accomplir leur sont particuliers.* En effet il a raison selon son principe, car c'est assurément honorer & respecter ses parens d'une façon singuliére, que de les laisser languir dans la misére, quand on peut les en tirer, & de leur dénier la consolation qu'on leur peut donner. L'autre réponce qu'il fait à ces objections a deux défauts, l'un quelle ne prend qu'une

pag. 18

qu'une partie de la difficulté, & l'autre quelle ne tend qu'à rendre tout dépendant de ses ordres; en sorte qu'un religieux ne puisse faire la moindre aumône, quand mesme elle seroit un fruit de sa propre épargne sans la participation de l'Abbé. Il dit donc que ce qui n'est pas permis aux religieux l'est au supérieur, & que c'est à luy *à dispenser les biens du monastere aux parens des solitaires qui y ont part en qualité de pauvres*; pag. 77 78. où vous voiez Timocrate, que ce que je vous ay marqué est vray, qu'il n'a étably ce précepte aussi-bien que plusieurs autres, qu'afin de se rendre dans son couvent maistre absolu de toutes choses, & d'y estre plus Roy qu'un Roy dans son état ; puis qu'il ne faut point de permission

F   dans

dans un royaume pour pratiquer une vertu, & que là il en faut une. J'ay dit en second lieu qu'il ne résout qu'une partie de la difficulté, ce qui est tres-constant ; car ayant étendu les besoins des parens, non seulement à l'indigence des biens temporels ; mais aussi à ceux des spirituels, il devoit donner un remede pour l'un & l'autre de ces maux. Cependant il n'en donne que contre la pauvreté, en disant que l'Abbé qui est le dispensateur du monastére fera part de ses richesses aux parens nécessiteux : car il ne dit point ce qu'il fera pour des péres qui s'abandonnent à une douleur immoderée, ou pour d'autres dont la vie peu réglée demanderoit des conseils ou des censures. Est-ce que la charité té d'un supérieur seroit bornée, à la dispensation de quelques biens temporels? & quelle ne s'étendroit pas jusqu'à consoler des malheureux? Ou bien a-t'il supposé que faisant profession de sainteté, on ne pouvoit le soupçonner de manquer à ce charitable office, le naturel des saints les portant à s'aquitter de ce devoir? Mais si en vertu de sa profession il est obligé de pratiquer la charité dans toute son étenduë, chaque Religieux ayant la même profession, n'est-il pas de droit appellé à faire tout ce que cette vertu inspire, comme à consoler les malheureux, à instruire les ignorans, & à redresser ceux qui s'égarent.

TIMOCRATE

Vous vous ne trompez point quand vous dites que sa difficulté est plus forte que sa réponce. Mais vous qui avez si bien vû ce foible, n'avez vous point remarqué dans le même lieu *un coq à l'asne* fort plaisant dont un de mes amis me parloit l'autre jour, & qui monstre que l'autheur écrit quelque fois avec une grande négligence. Il entreprend comme vous avez vû de répondre aux objections tirées de son principe & de défendre ses Moines du reproche ou engage naturellement la maxime qu'il a posée; & puis comme s'il avoit oublié de quoy il parloit, il commence un discours qui n'a nulle liaison avec le précedent.

PHILANDRE
Cet endroit me frapa aussi bien que vous, & je le relûs deux ou trois fois par honneu
pour

pour l'Abbé, ne pouvant me persuader qu'il eût fait un écart si peu judicieux. Le voicy Timocrate lisons-le encore une fois. *Ce pendant si les Religieux sont dispensez de rendre à leurs parens des secours personnels qu'ils ne pourroient pas leur refuser sans la plus grande de toutes les ingratitudes s'ils estoient libres; la providence qui s'étend sur tout n'a pas laissé de pourvoir à leurs besoins dans les cas, & dans l'extremité presente. Car si les enfans en se retirant & renonçant au monde ont perdu les parens qu'ils y avoient selon la chair: la religion leur en a rendu d'autres selon l'esprit aux quels ils se trouvent liez par une affinité toute nouvelle & toute sainte.* &c. Cette preuve est concluante comme vous voiez & fort naturelle. Ne diroit-on pas à ouïr ce raisonnement, que le lecteur estoit fort

Tom. 2 pag. 76.

F 3   in-

inquiété de ce que deviendroient les Moines de la Trape, aprés avoir quitté leurs parens? Cependant ce n'est point cela: on est persuadé qu'ils vont dans un lieu ou rien ne leur manque. L'éxemple des autres solitaires qui ont toûjours si bien subsisté depuis long-tems, aprés avoir abandonné leurs maisons, nous met l'esprit en repos sur leur chapitre; & nous ne sommes en peine que des parens qui ne recevront de leur enfans ny pain, ny consolation, ny instruction.

TIMOCRATE

En vérite plus on envisage la chose & plus elle paroît ridicule; & je croirois pour moy, qu'il manqueroit une feuille en cet endroit si ce beau raisonnement n'estoit enchassé dans un lieu on l'on voit que l'impriprimeur n'a rien oublié.

PHILANDRE

Ajoûtez, & si tant d'autres choses dites avec si peu d'ordre & de justesse, ne vous assuroient qu'il est capable d'en dire une infinité de mal-à-propos. Car bien qu'il y en ait de fort belles répanduës dans tout le corps de l'ouvrage, & debitées avec esprit, néanmoins celles qui y sont ou mal placées ou mal digérées offusquent l'éclat des autres, & font voir dans l'autheur peu de jugement dans ces pensées, & particulierement dans ses preuves & dans ses exemples. Car les preuves sont toutes tirées de loin, & les passages qu'il prend de l'écriture hors de leur véritable sens; & pour ce qui est des exemples il n'en a choisi que d'outrez & d'inimitables.

Jugez-en par ces trois que voicy tout de suite. Le premier est d'un certain Théonas qui quitta sa femme malgré elle pour se faire moine, le second du solitaire Théodore, qui étant sollicité par des Evêques de voir sa mére leur demanda s'il ne rendroit pas conte de cette visite au jour du jugement, & le troisiéme, qui est fort plaisant, parce qu'il est cité comme une bonne preuve du mépris qu'on doit avoir pour le monde, est d'un Moine qui répondit à son frere qui le prioit de luy aider à retirer un de ses bœufs tombé dans un bourbier. *Pensez-vous que J. C. souffre que je me relâche le moins du monde de cette mortification où je me suis une fois engagé pour aller retirer avec vous vôtre bœuf d'un bourbier?* Beaux éxemexemples, & d'un grand poids ! Le prémier est un violement du précepte *& adhærebit uxori*, & contre tous les anciens canons. Le second est un entêtement de Moine prevenu de ses propres maximes, qui regarde comme un crime ce que de saints Evêques regardent comme un office de charité ; & le dernier est un prétexte pour s'exempter d'un travail que non seulement le devoir de Chrétien, mais mesme celuy de la société civile ne permet pas de refuser.

TIMOCRATE.

Je croy que ce seroit une chose fort agréable de voir les receuils de l'abbé de la Trape; car je ne doute point qu'ils ne soient fort plaisans, sur l'échantillon qu'ils nous en a donné ; & je pense qu'avec cela on composeroit de bons ouvrages. Mais tandis que nous sommes sur ces histoires, qu'il a pourtant puisées dans l'antiquité toutes ridicules quelles paroissent, dites-moy si vous estimez que le soin qu'ont pris les anciens à receuïllir un nombre infini d'histoires aussi peu utiles en apparence que celles-là, nous les doivent rendre fort recommandables.

PHILANDRE.

Pour vous dire librement ce que j'en pense, je ne tiens pas que tous ces éxemples qui se lisent dans les vies des Peres des deserts dont Rosveyde a fait une compilation, nous puissent servir de modelle. Il y en a à la vérité un grand nombre d'édifians, ou l'on trouve des leçons importantes pour le salut, comme dans la vie

vie de saint Anthoine, dont le grand Athanase luy-mesme a esté l'autheur. Mais il y en a d'autres aussi qui ne sont d'usage qu'en ce qu'il font voir par leur peu de conformité avec les autres qu'ils ne doivent pas estre imitez. Et c'est une erreur de s'imaginer que parce que les anciens les ont inserez dans leurs histoires, on doive à cause de cela se régler sur eux. Car outre que ces anciens n'ont pas tous eu la même exactitude à s'informer de la verité des faits ny le mesme discernement, je mets Rufin dans ce rang & quelques autres que je ne nomme pas ; outre cela, dis-je il est à remarquer que quand quelques Péres ont écrit de ces sortes de vies, ils n'ont pas voulu canonizer tous ceux dont ils ont parlé, ny

St. Jerome epist à Chresi. reproche à Rufin qu'il avoit écrit des vies de Sts. qui n'avoient jamais esté

pro-

proposer toutes leurs actions comme des régles à suivre. La qualité d'historien leur ordonnoit de tout dire, & celle de Chrétiens bien sensez nous ordonne de ne pas tout imiter, non plus que dans la Sainte Ecriture où Dieu nous a laissé des exemples à fuïr, comme il nous y en a laissez à suivre.

TIMOCRATE

Cette maxime me semble fort raisonnable, & je ne saurois m'imaginer qu'un homme de bon sens la puisse nier; mais son établissement n'est pas favorable à l'Abbé de la Trape, puis que la pluspart du tems les éxemples qu'il raporte sont d'un genre à ne pouvoir servir de preuve, ne pouvant estre des régles pour la conduite de l'homme, comme vous l'avez fort

fort bien remarqué. Il faut toutefois demeurer d'accord que ce solitaire n'est pas le seul à abuser des lectures qu'il fait, y ayant peu de personnes qui receuïllent judicieusement. Les Théologiens se farcissent la tête des sottes subtilitez des Scolastiques, & des distinctions d'Aristote. Quelques-uns même ont pris la peine d'en faire imprimer des volumes qui sont l'horreur du bon sens. Les Prédicateurs pour l'ordinaire, & les jeunes principalement, ne prennent que le rebut des Péres, des pensées fausses, des endroits détachez qui ne donnent ny à l'esprit ny au cœur, & qui n'ont pour tout assaisonnement, sinon, *un Docteur de l'Eglise a dit fort à propos.* Ils pouroient ajoûter ce qu'on vous dit icy à contre-tems. Les Critiques

tiques confument leurs jours à ramafier un fatras de mots & de faits qui font les boureaux de l'efprit : Et le public qui eft la victime que ces Mrs. immolent à leur gloire eft forcé à gémir de leur profonde lecture, quand il eft obligé à lire toutes leurs citations accablantes pour trouver chez eux ce qu'il auroit rencontré en un moment chez des autheurs moins doctes & plus commodes ; & ainfi chacun dans la fcience qui luy eft particuliere.

Philandre

C'eft une confolation pour l'Abbé de la Trape de n'eftre par le feul à faire ny à debiter de mauvais receuils, mais ce n'en eft pas une pour moy qui me fuis fort ennuyé à la lecture de fon livre qui eût efté moins gros

gros si l'autheur n'avoit point voulu debiter ce qu'il sait ny affecter un savoir qu'il condamne par tout, seulement afin de satisfaire les rares talens qu'il a pour la Satyre.

TIMOCRATE.

Il est vray que cet esprit est répandu par tout, & qu'il n'a même loüé les saints qu'autant qu'il a crû leurs sentimens conformes aux siens.

PHILANDRE.

C'est ce que je prétends vous faire voir par un endroit fort propre à vous confirmer dans cette opinion; mais pour y aller par dégrez, remarquez auparavant comme il traite les Casuistes qui s'éloignent de ses opinions. *Ce sont* dit-il, *de nouveaux docteurs, lesquels pour la plus grande partie, n'ayant point de vocation pour traiter les choses*

pag. 129.

ses saintes que celle qu'ils se sont faite eux-mesmes, en ont parlé d'une maniére toute humaine, nous ont debité leurs pensées pour des véritez constantes, & ont pris autant de soin de fortifier les inclinations de la nature que les saints ont eu d'application à les détruire. Peut-on Timocrate, parler d'un ton plus magistral, & décider avec moins d'humilité ? Et ne voit-on pas dans cette censure un homme enflé de son propre mérite, qui se regarde comme le restaurateur de la piété, & comme devant un jour occuper une place dans le Calendrier. En disant qu'*ils sont de nouveaux docteurs qui n'ont point eu de vocation pour traiter les choses saintes;* pouvoit-il dire plus fortement quelle se trouvoit chez luy dans toute sa pureté ? & aprés avoir blâmé le grand relâchement où ces gens

gens-là sont tombez, pouvoit-il mieux faire son éloge, qu'en debitant alors les sentimens rigides qu'il afecte par tout?

TIMOCRATE

Mais ne remarquez-vous point une autre raison de ses emportemens contre ces nouveaux Docteurs; & ne voiez-vous pas que c'est un homme qui a pris party dans ce grand démêlé que de doctes solitaires ont eu avec une communauté religieuse dont le crédit est aujourd'huy si grand dans le monde?

PHILANDRE.

Je vous avouë que je n'avois point porté là ma pensée, & je ne say pas pourquoy, car il me semble maintenant que la chose saute aux yeux.

TIMOCRATE.

En effet on voit là-dedans

les Jésuites peints des mesmes couleurs dont ceux de Port-Royal les peignoient autrefois; ce qui marque la malignité de l'autheur qui n'a pas voulu qu'aucun ordre fût éxempt des traits de sa Satyre, & qui a mieux aimé déterrer des reproches ensevelis & par la charité & par les sages loix de nôtre auguste Prince, que de laisser quelques Religieux en repos. En vérité voilà un étrange caractére, & je ne m'étonne plus qu'on ait défendu aprés cela la lecture de ce livre dans la plus-part des couvens, qui l'ont regardé bien moins comme un effet du zéle de celuy qui l'a composé, que comme une Satyre pour les décrier. J'avoüe qu'il y a du déréglement en diverses communautez, que cela scandalize une infinité d'ames simples, & que

que je ne voy qu'avec horreur dans Paris une certaine Eglise estre le rendez-vous de toute la jeunesse débordée, & le lieu ou se proposent les commerces les plus infames, sans que les Moines dont elle dépend y apportent le reméde nécessaire; mais cependant je ne voudrois pas décrier pour cela toutes les communautez de cet ordre. Celle de Paris donne trop de licence, les autres en donnent peut-estre moins. On ne doit pas faire la guerre aux Innocens, parce qu'ils tolérent quelques coupables. C'est le destin des choses du monde d'estre mélées de bien & de mal : ainsi on ne doit pas trouver étrange s'il n'y a rien de parfait. Tout ce qu'on peut légitimement faire, c'est de tâcher à les ramener à la perfection; mais sans

vio-

violence : d'inftruire & de corriger les hommes vicieux ; mais fans aigreur & fans fatyre : car les pécheurs font des malades chagrins qui ne prennent les remédes que quand on en a ôté l'amertume.

PHILANDRE.

Voilà le devoir des hommes, mais un devoir qu'ils ne pratiquent guére ; car le plus fouvent c'eft moins l'envie de perfectionner que le tempérament qui nous porte à la repréhenfion, & c'eft pourquoy l'on voit plus de chagrins & de bizarres cenfurer, qu'on n'en voit de doux & de debonnaires : & je fuis perfuadé que la mauvaife humeur de nôtre Abbé luy a plus fervy dans la compofition de fon ouvrage que fon zéle pour la gloire de Dieu.

TIMOCRATE.

On peut raisonnablement tirer cette conclusion aprés son déchainement contre toutes les personnes qui sont dans les vœux, j'adjoûte & contre les saints mesmes, puis que vous m'avez promis de me monstrer un endroit où il ne les épargne pas.

PHILANDRE.

Je vous l'ay promis, & je peux facilement tenir ma parole, car le voicy. Mais pour l'entendre mieux il est important de savoir qu'il y a une régle de saint Benoît par laquelle tous ceux de cet ordre prétendent qu'il leur est permis de manger des volailles & des oiseaux, leur instituteur ne leur ayant déffendu que les animaux à quatre pieds. Sainte Heildegarde qui a écrit sur cette

te régle a confirmé la commune opinion, & a soûtenu de plus quelle avoit esté éclairée d'une lumiére surnaturelle dans le tems qu'elle composoit son ouvrage. L'Abbé de la Trape qui trouve dans cette révélation une nouvelle difficulté pour établir son sentiment la traite de pure vision; *Il est aisé* dit-il *de répondre à cela que c'est une prétenduë revelation à laquelle il n'y a ny obligation, ny mesme apparence d'ajoûter foy; & que les Prophétes qui parlent d'ordinaire par l'esprit de Dieu parlent aussi quelquefois par leur propre esprit.* Peut-on dire plus visiblement que cette bonne sainte est une extravagante & une visionnaire, ou du moins une fourbe qui veut faire passer ses imaginations pour des inspirations du ciel, & qui confirme
ue

pag. 214.

un relâchement par une imposture. Je ne say comment cela s'appelle sinon déthrôner les saints.

TIMOCRATE

Les saints sont accoûtumez à ces sortes d'outrages. Ils éprouvent depuis fort long-temps les vicissitudes du monde aussi bien que nous. Il y en avoit sur le calendrier qui estoient bien & *duëment* placez, ils avoient leurs temps pour estre honorez, leurs panégyriques retentissoient tous les ans dans les chaires, & ils avoient le plaisir le jour de leurs festes, quelques petis saints qu'ils fussent de s'entendre louër comme les plus grands; car vous savez qu'en ces occasions le predicateur ne leur refuse point le plus fort encens, & que le saint d'ont il parle est toûjours le plus grand. Mais Mrs.
les

les Prélats, & pour bonnes raisons sans doute en ont cassé une bonne partie aux gages, & ont fait trembler ceux qui restent par l'appréhension d'un pareil sort. Les savans se sont aussi mêlez de leur faire la guerre. Mr. de Lannoy entre les autres en a dégradé plusieurs, parmy lesquels le plus fameux est S. René d'Angers. Ils se consoleront tous ensemble, & il faut que sainte Heildegarde prenne patience en attendant qu'on la réhabilite. Tout ce qui peut la chagriner plus que ses confreres, c'est qu'elle est attaquée par une espece de saint, q[ui] du lieu des bienheureux où elle estoit, l'envoie droit aux petites maisons.

PHILANDRE.

Elle a donc la mesme destinée que la bonne Madame H

liot, dont le Revérend Père Craſſet vient de donner la vie au public. Je ne ſay ſi vous avez vû cet ouvrage, il mérite d'être lû à cauſe des ſingularitez qui y ſont. L'autheur y fait de ſon héroïne une ſainte achevée & marquant tous les progrez qu'elle a faits dans la piété, depuis ſon enfance juſqu'a l'heure de ſa mort la béatifie par avance, & luy donne une place conſidérable parmy les ſaints, pour la recompenſer de celle quelle a donnée aux Ieſuïtes dans ſon teſtament. Mais voiez ce que ceſt que la deſtinée, & le peu de conte qu'il y a à faire ſur les ſaints. Pendant que le Pere Craſſet vante les vertus de cette ſainte à brévet, ſes héritiers publient quelle eſt fole & prétendent par conſéquent que ſon teſtament eſt nul. Le procez

cez est encore indécis, & le public attend avec impatience l'issuë de cette affaire, & l'on ne sait point encore si la Dame sera fole ou sainte. Ce sera pourtant l'un plûtost que l'autre, & je suis d'avis qu'on envoie sa mémoire aux petites maisons; puis qu'il ne reste plus que cela d'elle au monde, qui y puisse être envoié.

TIMOCRATE.

Voila deux terribles extrémitez: ne pourroit-on point y trouver quelque milieu raisonnable, & ordonner qu'on ne parlera de cette pauvre femme ny en bien ny en mal, & condamner le Pére Crasset à ne canonizer plus personne, puisqu'on fait si peu de cas de tous ses saints? Je suis bien sûr toûjours que l'abbé de la Trape ne leur rend pas grand honneur, car

car qu'elle apparence qu'il déposât de vieux saints confirmez pour en adopter de modernes, & de modernes recommandez par les Jésuites?

PHILANDRE.

Je vous assure, Timocrate, qu'on ne peut rien assurer là-dessus, parce que ce sévére censeur parle des saints selon l'humeur où il est, & selon ce qu'ils ont de commun avec luy. Il y en a dont il fait grand cas, seulement parce qu'il luy plait ainsi, ou parce qu'ils sont de son sentiment, quoy que d'ailleurs ils ne valent pas sainte Heildegarde ; & d'autres qu'il méprise, parce qu'ils ont le malheur de ne penser pas comme luy. Il fait la mesme chose à l'égard des miracles, il s'en moque quand ils ne luy servent de rien, & les louë lors qu'ils sont à son usage. L'exemple que je vais vous en donner en servira de preuve. *Il y a* dit-il, *une autre objection prise d'un miracle, que l'on dit qui fut fait en faveur de saint Colomban, lorsque Dieu luy envoia dans une extrémité pressante, où il se trouvoit une multitude innombrable de toutes sortes d'oiseaux dont luy & ses frères se nourirent durant trois jours. A ce prétendu miracle,* continuë-t'il, *on en pouroit opposer un autre qui feroit plus à nôtre sujet.* Remarquez qu'il traite ce miracle de faux, & qu'il l'appelle prétendu, parce qu'il n'y peut répondre qu'en le niant & en le traitant de fabuleux. Car vous demeurerez d'accord qu'il est pour le moins aussi vray-semblable que l'autre *qui fait*, selon luy, *plus à son sujet*, parce qu'il paroît confirmer son sentiment.

C'est

Pag. 216.

C'est celuy de saint Gontier de l'ordre de saint Benoît, qui estant sollicité par un Roy de Hongrie à la table duquel il estoit, de manger d'un Poulet d'Inde pria Dieu avec tant de ferveur d'oster de devant luy cet Oiseau, que dans le même moment il disparut, au grand étonnement de tous ceux qui furent témoins de ce miracle.

idem ibidem

TIMOCRATE.

En vérité l'un vaut bien l'autre, & je croy que si celuy de saint Gontier est de bon aloy, celuy de saint Colomban le doit estre aussi : Et vous avez eu raison de dire qu'il y avoit plus de caprice que de bon sens dans les jugemens que fait cet Abbé des saints & de leurs miracles. Car je ne voy pas quel caractére de réprobation l'un a plûtost que l'autre. Tous deux sont faits pour confirmer une doctrine, tous deux pour favoriser des saints, & tous deux alléguez par des gens d'un égal poids.

PHILANDRE.

Mais supposons & que sainte Heildegarde se soit trompée, & que ce miracle n'ait pas toutes les marques de vérité qu'on découvre dans ceux qui sont certains & assurez ; falloit-il pour cela tourner en ridicule le prémier éxemple, & accuser le second de fausseté ? N'eût-il pas esté plus édifiant ou de supprimer ces deux faits, ou d'en parler d'une maniére plus modeste & plus Chrétienne ? Les Protestans parmy lesquels nous vivons ne manquent point à relever ces sortes de choses, & à gâter une infinité de Catholiques en leur faisant remarquer avec

avec quel mépris les gens les plus éclairez de nôtre communion traitent la plus-part des miracles. Les Libertins n'oublient pas non plus ces sortes d'endroits, & s'en servent à détruire les véritez les plus importantes. Voilà à quoy servent le plus souvent les critiques, sur les choses qui appartiennent à la religion. On apprend aux simples à mépriser ce qu'ils respectoient, & aux incrédules à se confirmer dans leurs doutes. Sur une parole trop libre, les uns & les autres s'en imaginent beaucoup plus qu'il n'y en a. Ils se persuadent que si l'Autheur avoit osé tout dire, il eût bien découvert de plus grands mystéres; de sorte qu'il arrive souvent qu'un seul mot pensé ou écrit contre quelque article de la foy donne lieu à former des doutes sur toute la religion. Jugez donc Timocrate de l'effet que peut produire à cet égard le livre d'un homme dont tant de gens se sont entêtez ridiculement, quand ils y voient les miracles convaincus de fausseté & les saints méprisez.

TIMOCRATE.

Il est constant que ce que vous dites arrive presque toûjours, c'est-pourquoy je suis persuadé que des gens qui tiennent un rang considérable dans l'église ou par leur piété ou par leur science ne sauroient parler avec trop de circonspection de tout ce qui peut estre l'objet de la religion. Quand ils veulent déraciner une superstition & corriger quelque abus, ils doivent, ce me semble, examiner auparavant si cette vérité épu-

épurée fera autant de bien qu'elle en faisoit enveloppée de quelques voiles humains : car si cela n'est pas, il vaut beaucoup mieux laisser les choses dans un état moins parfait, quand le succez en est bon, que de les corriger en suprimant un bien qui trouve sa conservation dans quelque relâchement. Mais le malheur est qu'un savant ne consulte guére dans ces rencontres le bien de l'Eglise. L'envie de faire une découverte, le plaisir d'avoir attaqué le prémier une erreur populaire, & de faire la loy à tous les savans des siécles passez l'emporte sur toutes les autres considérations. Je say bien que qui ajoûteroit foy à leurs préfaces auroit grande opinion de leur piété, & qu'à les en croire sur leur parole l'amour seul de la vérité les a fait

G 5 attaquer l'erreur ; mais comme ils se sont fait un métier de dire cela dans les avis au lecteur, le lecteur, s'en est fait un aussi de le lire sans le croire.

PHILANDRE.

Voilà un portrait de savant qui ressemble bien à celuy de nôtre Abbé, et je croy effectivement que c'est le sien que vous avez fait; car il est aisé de voir que le plaisir d'avoir attaqué tout ce qu'il y a de religieux au monde, celuy de publier ses propres imaginations que chacun chérit d'ordinaire comme ses plus tendres enfans, & la vanité de passer pour docte en debitant toutes les mauvaises lectures qu'il a faites en sa vie, ont esté les motifs qui l'ont porté à fatiguer le public de deux gros volumes qu'on auroit pû réduire à un tres-petit. En effet s'i eût

eût eu la gloire de Dieu pour but, n'eut-il pas vû clairement que son ouvrage feroit plus de bien que de mal, portant naturellement les peuples au mépris de ceux qu'ils doivent respecter? D'ailleurs, à quoy sert à la gloire de Dieu une liste de mots grecs & d'autheurs citez avec le tems des éditions, sinon à faire paroître le grand savoir de l'Abbé qui contre l'ordinaire des moines entend la langue grecque? Cela n'est-il pas admirable? cet autheur qui desapprouve qu'un solitaire s'attache à la lecture des Péres & des Canons, & qui trouve mesme du danger à lire la bible n'en a point trouvé à lire une infinité de critiques, & mesme des Poetes comiques, comme Aristophane qui est plein d'une satyre mordante, &
qu'on

qu'on ne sauroit traduire en nôtre langue sans des omissions à cause de ses impuretez.

TIMOCRATE.

Je n'avois pas remarqué qu'il eût cité cet autheur, & vous me ferez plaisir de me montrer le passage qu'il en rapporte.

PHILANDRE.

La chose est facile à faire. Le voicy allégué à la suite d'un grand nombre de Critiques & de Dictionnaires. C'est à l'occasion d'un mot qu'on croit signifier toutes choses salées qui se peuvent manger, & que nôtre autheur pretent soûtenu d'une légion de Lexicons, ne signifier que du poisson salé. *Aristophane*, dit-il, *s'est servy du mot de* τέμαχος, *dans la Comedie des nüées, & dans celle des richesses, pour signifier du poisson salé.*

pag. 207. 208.

Aprés

Aprés toutes les authoritez qu'il avoit aléguées celle-là étoit fort inutile pour l'affaire dont il s'agit ; mais non pour la réputation de l'Abbé qui fur une pareille citation doit paſſer pour un grand grec : car vous n'ignorez pas Timocrate que de tous les autheurs profanes celuy là eſt ſans doute le plus difficile à entendre.

TIMOCRATE

Mais comme il eſt auſſi le plus piquant ce ſolitaire ne le ſeroit-il point par hazard gâté avec ce grec, & n'y auroit-il poind pris cet eſprit ſatyrique répandu dans les deux volumes des ſaints devoirs de la vie monaſtique.

PHILANDRE

Il eſt fort vray-ſemblable que cette lecture a du moins ſervy à le confirmer dans le pen-

penchant qu'il a pour ce genre d'écrire, estant presque impossible qu'on n'ayme la satyre aprés avoir lû ce poëte. Il la debite si ingenieusement, & avec tant de grace, qu'on ne sauroit s'empêcher de luy applaudir. C'estoit un Pericles à sa maniére, *il mêloit le ciel & a terre*, la vertu & le vice si differens en eux-mesmes paroissoient semblables aux spectateurs, quand Aristophane l'avoit entrepris; Et ce fut par un effet de cet art merveilleux qu'il fit passer l'innocent Socrate pour criminel dans l'esprit des Atheniens, qui sur le rapport de ce Comique formerent le dessein d'opprimer la vertu, en opprimant celuy que l'oracle avoit déclaré le plus sage de tous les Grecs. Aprés un succez si étonnant de la comédie des nüées, car

car c'est dans celle-là que Socrate fut d'abord attaqué; peut-on croire qu'un homme comme l'Abbé de la Trape, qui a beaucoup d'esprit, qui l'a tourné à la satyre, n'ait profité dans Aristophane que de la signification de quelques mots, & qu'il n'ayt pas nourry son esprit de celuy de ce poëte?

TIMOCATE.

J'aimerois à sçavoir de quand il l'a lû, si c'estoit dans sa jeunesse & avant d'avoir quitté le monde ou aprés. J'ay peine à croire qu'il se ressouvint si exactement d'une lecture faite il y a plus de trente ans. Ainsi il a y plus d'apparence que c'est dans sa retraite qu'il s'est diverty avec ce Comique, & qu'il la lû pour passer un tems qu'il ne pouvoit donner tout entier à la dévotion. Voilà comme on peut

peut tromper les gens dans la solitude de même que dans le monde. On s'imagine qu'un solitaire qui fait consister sa pieté à ne parler point avec ses fréres de peur que ce commerce ne devint contagieux est toûjours dans le receuïllement, quand il est retiré dans sa cellule, & cependant il se trouve que ce qu'on s'imaginoit qu'il donnoit à Dieu il le donne à la lecture d'Aristophane, dont une seule page peut faire plus de mal que n'en feroient mille entretiens de Religieux, quand mesme ils ne parleroient que de nouvelles du monde.

Philandre

En verité je ne say à quoy pensoit l'Abbé de la Trape avec cette citation si propre à le faire tourner en ridicule, & qui plus est à le faire passer pour

pour un ignorant de ce qu'il devroit savoir, ou pour un homme qui méprise les décrets des conciles. Car vous savez Timocrate qu'ils ont défendu expressement aux Evêques & aux Prestres, combien plus aux solitaires, les livres des païens & ceux des hérétiques hormis pour les combattre. *Ut Episcopus*, dit le canon 16. du quatriéme Concile de Carthage, si je ne me trompe, *gentilium libros non legat; hæreticorum autem pro necessitate & tempore.* Le Concile d'Aix en Provence tenu l'an 1585 fit la mesme deffence, en renouvellant, comme il le remarque luy-même le Canon du concile de Carthage & divers autres que ma memoire ne me fournit pas présentement. Or dites-moy est-il pardonnable à un religiux de sa

tom. 1 conc. pag. 728.

savoir comment Aristophane explique un mot, cependant qu'il ignore les loix qu'il doit suivre ? ou s'il les sait, luy sied-il bien de vouloir plûtôt passer pour savant, que pour observateur des Decrets des saints Peres?

TIMOCRATE

Cela n'est pas fort édifiant je l'avoüe, mais en récompense cela fait plus d'honneur. Or, comme chacun sait, l'honneur chez la plus grande partie des hommes vaut l'édification, & peu de gens aujourd'huy sacrifient l'un à l'autre. Nôtre cœur a une certaine Sphére d'activité dont il ne sort jamais. Cette Sphére c'est l'amour de soy mê-me; c'est le centre où tout vient se rendre. Quand il s'en eloigne c'est pour y revenir avec plus de force. Nôtre vie est une Bac-cha-

chanale perpétuelle, où tout est renversé, aussi bien que dans celles des Anciens Payens, & où ce qui doit suivre marche devant. Il n'y a que la mort qui puisse finir cette fête criminelle, & remettre les choses dans leur état naturel. Mais pardon, Philandre. Je fais icy le prédicateur, sans songer que je n'y suis que pour être vôtre auditeur.

PHILANDRE

Vous soûtenez trop bien, Timocrate, ce changement de personage, pour ne vous le pardonner pas. D'ailleurs puisque tout est Bacchanale en ce monde, cette vicissitude ne doit pas m'étonner. Vous parlez au lieu que vous écoutiez, c'est que vous jouëz vôtre rôle. Raillerie à part, la reflexió est fort juste, & la comparaison encore plus; & je trouve que le déreglement du du monde ne pouvoit être mieux representé que par son propre deréglement.

TIMOCRATE

J'ay plus besoin d'instruction que d'encens. Ainsi, Philandre épargnez-moy vos loüanges, mais ne m'épargnez point vos lumieres. Dites moy je vous prie estes-vous du sentiment de l'Abbé de la Trape, sur ce qu'il prétent que Philon dans son livre de la vie contamplative a fait un portrait des prémiers Chrétiens, en parlant de certaines personnes qui vivoient dans la retraite & dans la solitude, qui ne se nourissoient que de pain & d'herbes, & qui enfin pratiquoient des austeritez auparavant inconnuës.

Pag. 238.

PHILANDRE

Comme je tâche toûjours à prendre en toutes choses le party

y le plus suivy, je n'ay garde de prendre celui-là, qui est aujourd'huy généralement condamné par tous les savans débarassez des préjugez d'interets. La ressemblance qu'on remarque entre ces gens dont parle Philon & les Esseens dont parle Joseph dans ses Antiquitez, *liv. 18. cap. 2.* & dans les livres de la guerre des Juifs ne laisse presque pas *liv. 2. cap. 7.* douter que le premier n'ait parlé d'eux dans l'endroit dont il s'agit. Mais quand mesme il auroit désigné par là d'autres personnes que celles de cette secte; en conscience cela se peut-il entendre des Moines, Chrétiens, dont tout le monde sait que l'institution n'a pas commencé sous Claude Cæsar qui est le tems ou Philon florissoit, mais long-tems aprés; Adjoutez à cela que bien loin qu'on puisse

puisse entendre ce passage d'aucun genre de Chrêtiens, il le faut nécessairement expliquer d'une secte des Juifs, puis qu'il remarque expressément, que les gens dont il décrit les coûtumes & les mœurs, ne lisoient que la Loy & les Prophetes.

TIMOCRATE

Mais que répondez-vous à ce que l'auteur dit en marge, qu'Eusébe, saint Epiphane, saint Iérôme, Cassien, Sozomenes, S. Denys & beaucoup d'autres ont crû que Philon avoit dépeint les Chrétiens dans son livre de la vie contemplative?

PHILANDRE.

Je dis premierement qu'il est fort aisé de citer comme fait l'Abbé de la Trape, sans marquer les endroits dont on veut appuïer un sentiment ; parce qu'il n'y a point de livres qu'on e pût ainsi remplir des noms des Peres sans avoir lû aucun de leurs Ouvrages : Et que je m'etonne qu'un homme qui cite pour un mot Aristophane avec tant d'exactitude n'allegue pas les Peres d'une autre maniere que celle dont il le fait. Je dis en second lieu qu'Eusébe, qui est le premier, si je ne me trompe, qui a corrompu le sens de ce passage de Philon, en l'expliquant ou des Moines, ou des Chrétiens qui menoient une vie plus retirée que les autres, qu'Eusébe aprés avoir soûtenu ce sentiment dans son Histoire Ecclesiastique, le rejette dans sa *Preparation Evangelique*, appliquant aux Esséens le discours de Philon. Or il est constant que ce dernier ouvrage ayant esté composé long-temps aprés le premier qui finit à l'an 324. de Jesus Christ, c'est à dire

dis-je hist. liv. 2. cap. 17. 18. l'rep. liv. 8. cap. 11. 12.

en-

environ un an avant le Concile de Nicée; on doit par conséquent juger qu'Eusébe avoit changé d'opinion aprés avoir examiné la chose avec plus de soin; puisqu'il paroît ensuite d'un sentiment opposé à celuy qu'il avoit eu auparavant. Cette distinction du temps ou cet autheur a écrit les livres qui nous restent de luy n'est pas seulement nécessaire sur le fait que nous examinons, mais aussi sur plusieurs autres qu'il a avancez dans son histoire, qu'on doit souvent corriger par sa chronique. Si saint Epiphane d'ordinaire un peu trop crédule & pas assez exact eût pris garde qu'Eusébe s'estoit corrigé de son erreur, il n'y seroit assurément pas tombé aprés luy, & n'y auroit pas entraîné par son exemple Sozomene le Copiste de Socrate te & de tous ceux qui l'ont précédé, & Caſſien qui entêté du *Monachiſme*, ne cherchoit dans les Anciens que ce qu'il croyoit propre à défendre les préjugez dont il eſtoit rempli. Pour ce qui eſt du témoignage de ſaint Denys, je ne m'en embaraſſe point, parce que je ne me croy pas obligé de répondre aux preuves d'un autheur convaincu d'impoſture & de fauſſeté. Celuy de ſaint Jérôme me feroit plus de peine, ſi on me le monſtroit poſitivement ; mais juſqu'à ce qu'on le face, je ne me ſens point engagé à y répondre.

TIMOCRATE

J'admire comme ſe font tous les jours les ſentimens d'un grand nombre de ceux qui paſſent dans le monde pour ſavans. Un grand homme ſe trompe dans

dans une histoire, ou dans quelque fait, comme cela arrive aux plus habiles. Au lieu de le reprendre on le suit, son erreur est canonizée par une foule de demi-savans qui sont ravis de pouvoir dire qu'ils sont du sentiment d'un tel ; cette foule en fait une autre, & établit ainsi la pluspart du tems une erreur qui passe de pere en fils pour l'opinion la plus saine. Vient-il aprés une longue possession, quelque génie plus heureux découvrir le foible de l'ancien savant, la République des lettres en est allarmée. Les faux doctes honteux de se dédire le traitent d'innovateur, on fait combattre la politique contre la raison, on interresse les puissances dans la querelle, le savant raisonnable est opprimé par la force &

par

par le nombre, il faut se cacher, s'en fuïr, la mort vient, le bon sentiment demeure enseveli, jusqu'à ce que la mesme politique qui l'a chassé le rappelle.

PHILANDRE.

Voila l'histoire de l'Apologiste de Gerson. Ce savant personnage trop amy de la vérité pour son interest, fut attaqué par les partisans de la cour de Rome. Le Cardinal de Richelieu lié à cette Cour par des raisons considérables imposa silence à ce docte Sorboniste, & fit condamner ses livres comme hérétiques, persécutant ainsi le pére & les enfans. L'un mourut, le reste fut dérobé à la vuë des hommes, jusqu'à ce que la France mécontente du Saint Siége fit imprimer pour se vanger de luy ce qu'elle avoit autrefois supprimé pour luy faire plaisir. De sorte que la vérité de même que la gloire de Richer n'a éclatté que par accident, elle n'est venuë qu'aprés sa mort, c'est une ombre qui a suivy le corps.

TIMOCRATE.

La destinée de Richer est presque celle de tous les grands hommes, on ne sait ce qu'ils valent que quand ils sont morts, pendant qu'ils sont au monde le monde est bléssé de l'éclat de leurs vertus, n'y sont-ils plus, cette lumière qui disparoît en est regrettée, à peu prés comme le soleil dont on se plaint en esté & qu'on loue en hyver.

PHILANDRE.

Il faudra excépter de ce nombre l'Abbé de la Trape

qui joüit durant sa vie du plaisir d'estre applaudy par la multitude, & que l'envie ne persécute point, ce qui pouroit venir aussi de ce qu'elle ne le croit pas assez grand homme pour cela, & qu'elle découvre dans ses ouvrages des choses qui le décrieront un jour infailliblement.

TIMOCRATE

Vous m'en avez fait voir un grand nombre de cette nature, & je croy quelles suffiront pour le décrier absolument quand vous y aurez adjoûté sa manière libre de parler des Prophétes, de la quelle vous ne m'avez rien dit quoy que le passage ait esté long-tems exposé devant vos yeux, & que je l'aye remarqué moy même des la première vuë.

PHILANDRE.

Il est vray que j'aurois pû toucher cet endroit, lorsque je vous ay fait remarquer son mépris pour divers saints & pour divers miracles; mais ce qui m'en a empêche, c'est que ce qu'il dit à l'égard des Prophétes mérite une attention toute particuliére, parce qu'on y découvre un reste de son ancien libertinage. C'est à propos de la revélation de sainte Heildegarde, de laquelle il dit qu'il n'y a ny obligation ny apparence d'adjoûter foy, parce que *les Prophétes* *qui parlent d'ordinaire par l'esprit* *de Dieu, parlent aussi quelquefois* *par leur propre esprit.*

pag. 214.

TIMOCRATE.

Cette pensée est bien libre & sent furieusement son Abbé, car c'est d'ordinaire de ces Messieurs qu'on apprend à dou-

douter des mystéres les mieux établis. Avec une science trés médiocre, quelques petis raisonnemens, un peu de brillant & d'air du monde qu'ils prennent beaucoup mieux que celuy de l'Eglise, ils décident au desavantage de tout ce qu'il y a de plus grand dans la religion. L'histoire critique du vieux Testament est leur idole, ils l'achétent aux poids de l'or; mais parce que l'Autheur a gardé des mesures, ils cherchent quelqu'un qui ait parlé à cœur ouvert. Le Pére des Præ-Adamites est un de leurs héros, & particuliérement Spinosa comme estant celuy de tous qui croyoit le moins.

PHILANDRE.

C'est de ce dernier que l'Abbé de la Trape a puisé ce discours édifiant *que les Prophétes par-*

parlent aussi quelquefois par leur propre Esprit comme on le peut voir dans le traité Théologique-Politique de cet autheur qui a prétendu prouver que non seulement les Prophétes ne savoient pas quand ils parloient par l'esprit de Dieu ; mais mesme, comme il suit naturellement de ce principe, que nous ignorons ce qui est divin dans leurs livres, ou ce qui ne l'est pas, ce qui ruine comme vous voiez, tous les fondemens de la religion.

TIMOCRATE

Ne pouroit-on point répondre que ce qu'a dit nôtre Solitaire ne paroît pas semblable à ce que vous rapportez de cet Athée de profession ? car au lieu que ce dernier veut établir que nous n'avons nulle certitude de la vérité des oracles, parce que les Prophétes eux mesmes ne savoient quand ils estoient inspirez, ou quand ils ne l'estoient pas: l'autre au contraire dit simplement *que les Prophétes parlent quelquesfois par leur propre esprit,* ce qu'on ne sauroit nier ce me semble. Autrement il faudra croire qu'un Prophéte parlant dans sa famille d'affaires indifférentes aura esté inspiré pour parler de son menage, & de choses à peu prés semblables, ce qui est hors de toute apparence selon le sentiment de tous les Théologiens qui ont décidé à l'occasion de ce nombre prodigieux de livres que Joséphe attribuë à Salomon, qu'il les a écrits en qualité d'homme, à la réserve de ceux qui sont contenus dans le Canon des écritures, & des quels Spinosa dit que les Rabins avoient eu dessein d'ôter les proverbes

Tract. Theol. polit. pag. 128.

verbes & l'Ecclesiaste, s'ils n'en eussent découvert la divinité par des passages où il est parlé de la loy de Moyse.

PHILANDRE.

Si l'on pouvoit donner légitimement aux paroles de l'Abbé de la Trape le sens que vous leur donnez, il n'auroit rien avancé que de fort raisonnable. Mais Timocrate examinez un peu sa pensée, & vous verrez que ceux qui feront cette objection, n'ont pas compris ce qu'il veut dire. Il se mocque d'une Sainte qui croyoit avoir esté inspirée en travaillant sur la régle de Saint Benoît, & il dit à ce sujet, que les Prophétes qui parlent quelquesfois par l'Esprit de Dieu, parlent d'ordinaire aussi par leur propre esprit; ce qui se doit entendre du témoignage qu'ils ren-

rendent de leurs prophéties, comme il entend ce qu'a dit sainte Heildegarde de celuy qu'elle rend à son ouvrage. Or remarquez la conséquence qui se tire de ce principe. Si les Ecrivains du vieux Testament ont confondu leurs productions avec celles de l'esprit de Dieu, il s'ensuit premiérement qu'ils ont quelques fois publié des mensonges pour des véritez, quand ils ont dit que la bouche de l'Eternel avoit parlé par la leur, puis qu'ils se peuvent tromper dans leurs jugemens comme sainte Heildegarde dans le sien. Si l'on me dit à cela qu'elle n'estoit pas du même caractére que les Prophetes, & qu'ainsi son exemple ne fait rien en cet endroit, je demeureray d'accord que cela est vray dans le fond, mais que c'est une verité dont l'Abbé de la Trape ne peut tirer aucun avantage, puisqu'il l'a détruite en prouvant que les autheurs des livres sacrez aussi bien que sainte Heildegarde parloient par leur propre esprit, quoy qu'ils assurassent qu'ils parloient par celuy de Dieu. La seconde chose qui suit encore de ce principe c'est que nous ne saurions avoir aucune certitude de la vérité des divins oracles, puisque les Prophétes eux-mesmes avec toutes leurs lumiéres ne l'avoient pas : car qu'elle apparence que nous puissions connoître à cet égard ce qu'ils n'ont pas connu, & distinguer lors qu'ils ont parlé par l'ésprit de Dieu ou par le leur, puis qu'ils ne le distinguoient pas eux-mesmes.

TIMO-

TIMOCRATE.

Ce sont là d'étranges dogmes, & qui ont effectivement bien du raport avec ceux de ce Juif dont nous avons parlé. Les partisans de l'Abbé de la Trape ne prendront pas la chose de cette maniére, & ils en jugeront avec bien plus de charité. Mais vous autres critiques, vous ne professez pas beaucoup cette vertu; & malheur à celuy qui péche devant vous, car la correction suit de prés le scandale.

PHILANDRE

Ah! ne me confondez pas Timocrate avec ces Critiques de profession, ces censeurs outrez qui ne prennent de plaisir que dans la satyre, & qui mouroient si l'on ne péchoit point parce qu'ils ne vivent pour ainsi dire, que des défauts des
leurs

leurs prochains. Ce n'est point là mon caractére, je lis un livre pour m'instruire & non pour en chercher le foible, je prends ce que j'y croy bon, & je laisse le reste. Je connois assez l'esprit humain pour savoir qu'on n'en doit rien attendre de parfait; c'est pourquoy quand je lis un ouvrage, j'ay d'ordinaire beaucoup d'indulgence pour celuy qui l'a fait. J'avouë pourtant qu'il y a de certaines rencontres, où je ne garde pas tout à fait cette modération. Quand je voy un autheur fier d'un mérite qu'il croit avoir, n'estimant que soy, se faisant à luy-mesme par avance son Apothéose, & ruinant la réputation des autres pour accroître la sienne à leurs dépends ; un homme fait ainsi n'a pas de plus grand ennemy que moy.

moy. Comme j'ay remarqué tout cela dans l'Abbé de la Trape, c'est ce qui m'a forcé à vous ouvrir mon cœur à son sujet & à vous dire une partie de ce que j'en pense. Sur ce qu'on m'en avoit dit j'avois conçu une estime profonde pour luy, je le regardois comme un Chef-d'œuvre de la grace & comme un homme entiérement maître de ses passions. Quand on m'apprit qu'on imprimoit un ouvrage de luy, je m'en fis une idée conforme à celle que j'avois de l'autheur, je me réjouïssois de voir un livre où l'on pût rencontrer ce caractére de dévotion & de simplicité qu'on ne trouve presque dans aucun, aussi bien que le bon sens & cette justesse sans art qui sont les productions d'un esprit droit. Mais quand j'en eu lû
quel-

quelques pages, je ne saurois vous dire quel fut mon étonnement. Au lieu de cette simplicité que j'y cherchois, j'y vis une grande affectation pour le langage, des pensées, peu naturelles, je remarquay que l'autheur y couroit par tout après le brillant, & qu'il cherchoit plus à éblouïr qu'à éclairer. En continüant ma lecture, je reconnus un esprit faux & qui ne donnoit presque jamais dans le sens de l'écriture & des Péres, une grande malignité une forte passion de paroître savant, des sentimens d'une humilité contrefaite, dont on peut dire ce qu'un berger dans l'Amynthe dit des yeux de sa maîtresse.

Specchi del cor fallaci infidi lumi.

ben riconosco in voi gli inganni vostri. &

& enfin une bonne partie de ce qui y est & de ce qui n'y devroit point estre. Tout cela me fit changer mes prémiers sentimens & me fit passer de l'estime à ce que je n'oserois dire, parceque le terme est un peu trop fort.

TIMOCRATE.

Que penseriez vous Philandre, si je vous disois que la lecture de ce livre a fait depuis hier sur mon esprit le mesme effet que sur le vôtre, & que je le trouve à présent aussi mauvais que je l'ay cru bon?

PHILANDRE.

Je penserois ce que j'avois toûjours pensé, qui est que vous ne pouviez pas avoir lû ce livre avec attention, & en faire le jugement que vous faisiez; & je m'imaginois que vous ne le connoissiez que sur le raport d'aud'autruy, & sur ce que vous en aviez parcouru vous-mesme à la hâte, & c'est là ce qui vous sauvoit en mon esprit.

TIMOCATE.

C'estoit en croire ce qui en est. Je l'avois devoré des yeux, & comme ils estoient allez plus vîte que mon esprit, je contois beaucoup plus sur le jugement des autres que sur le mien. Mais à présent que j'y ay fait plus d'attention, j'abandonne la multitude pour suivre le petit nombre, & je déclare que si j'avois voix en chapitre pour la canonization de l'Abbé de la Trape, il n'auroit maintenant pas la mienne aprés un pareil ouvrage, quoy que pourtant j'y aye trouvé quelques beaux endroits.

PHILANDRE.

En effet il y en a d'admirables,

bles, qui marquent un riche génie, & un homme qui a de grands talens pour l'éloquence. Tout ce qu'il a dit sur la charité mérite assurément d'estre lû, quoy qu'il ny soit guéres mieux placé que dans Gusman d'Alfarache, où l'autheur qui étoit prédicateur & qui ne vouloit pas perdre un sermon parfaitement beau, qu'il avoit fait sur cette vertu, qu'un Apôtre appelle la plus grande de toutes, l'inséra à la suite d'un discours impertinent que tint un muletier à Gusman. Mais ce qui m'a paru de plus achevé dans ces deux gros tômes de l'autheur des saints devoirs, c'est l'endroit où il parle des changemens qui sont arrivez parmy les moines, il me semble admirable, le voicy. *Il en est, dit-il, des monastéres & des observan-*

<small>Gusm. d'alf. part. 1. pag. 57.</small>

<small>tom. 2. pag. 469. 470.</small>

servances comme de la vie des hommes ; Dieu a réglé leur durée, & a donné des limites aux uns & aux autres au delà desquelles elles ne sauroient s'étendre. Un homme cesse de vivre. On se tourmente pour trouver les causses & les raisons de sa mort ; mais au fond à reprendre les choses jusque dans leur source la vérité est qu'il meurt, parce que comme je l'ay des-ja dit, la volonté de Dieu n'est pas qu'il vive davantage. De même une observance périt, quand elle a atteint les bornes que la sagesse Divine luy avoit prescrites. En un mot un monastére est une arche de salut dans lequel Dieu renferme un petit nombre de ses éluss pour les préserver de ce déluge qui cause dans le monde une désolation si générale ; il la conduit, il la protége tandis qu'elle sert à l'éxécution de ses desseins ; mais quand son œuvre est faite, &

que

que les déterminations éternelles sont accomplies il se retire d'avec ceux qui le négligent. Et pour lors par un juste châtiment ce vaisseau fragile abandonné à luy-mesme, au milieu de la tempête, sans gouvernant, sans Gouvernail, est jetté deçà delà par la violence des vices & des passions comme par autant de vents & de vagues impétueuses ; il se brise & est il enfin submergé par le naufrage. Tout ce discours est rempli de bon sens, de justesse, il n'y a rien de recherché, cela va droit où il doit aller, je veux dire, au cœur, & un livre où il y auroit deux cent pages de ce tour-là feroit plus d'effet que des volumes in folio de ces pensées devotes qu'une infinité de Précieux zélez nous débitent avec des phrases de leur façon, & des galimathias brillans sous lesquels le bon sens demeure enseveli.

TIMO-

TIMOCRATE.

Le malheur est qu'il y a peu d'endroits semblables dans le livre que nous éxaminons. C'est un diamant enchassé dans du plomb, & des perles orientales mélées avec de fausses. Et la cause de ce mauvais mélange, comme vous l'avez remarqué, c'est qu'on a voulu dire des choses extraordinaires, & affecter des sentimens qui le fussent. Aussi on peut dire qu'on y a parfaitement réüssi, & qu'à cet égard rien ne se dément dans le livre.

PHILANDRE.

Il est vray que le Système de l'autheur est parfaitement suivi, il a abandonné presque par tout les régles communes du bon sens & de la pieté pour en donner d'autres qui n'ont jamais encore esté proposées que

que par luy. Nous en avons vû plusieurs de celles-là; en voicy encore quelques-unes sur le silence que doivent observer les Religieux, qui sont de la mesme nature. Il veut *que ce silence soit perpétuel chez eux, pour éviter le mauvais effet que les conversations produisent la plûpart du tems dans l'esprit des hommes*; ce qui est ridicule & peu judicieux, aprés le portrait qu'il nous a fait de ses moines, qu'ils nous a représentez comme des saints confirmez dans le bien par une longue habitude, & dont il détruit l'éloge par la raison qu'il donne pour les obliger à un silence perpétuël. Car si ces solitaires ne sont sages que parce qu'ils ne parlent point & qu'ils n'entendent point parler, on peut dire sans les offencer que leur vertu est peu de chose,

tom. 2. pag. 163. & 164.

puis-

puisque le silence ne détruit point les pensées, & qu'un homme qui pense criminellement, & qui n'est empêché de divulguer le mauvais dessein qu'il projette que parce qu'il est sujet à la peine en le publiant, est aussi coupable en le retenant dans son cœur qu'en le déclarant par des paroles.

TIMOCRATE.

Pour moy je suis d'un sentiment contraire à celuy de l'Abbé. Je croy qu'il est moins dangéreux de permettre quelquefois aux Religieux de se délasser l'esprit par des conversations honnêtes & saintes, que de leur en interdire l'usage. Cette multitude de pensées qui demeurent toûjours dans l'ame y font une espéce de trouble qui l'agitent, qui l'inquiétent, & qui ne font qu'augmenter

les

les passions au lieu de les diminuër, de mesme que ces feux cachez sous la cendre qui se nourrissent réciproquement, & qui conservent d'autant plus de châleur & de force qu'elle trouve moins d'issuë. J'ajoûte à tout cela que son reméde est inutile pour des Religieux qui veulent se répandre en discours vains & profanes, & qui ne sont retenus que par les loix du silence : parce qu'il leur est facile de trouver dans de certains gestes, dans ceux-mesmes qui seront destinez à des usages saints, le moien de s'entretenir. Le plaisir de tromper ceux qui les observent leur causera une joie plus dangereuse que celle qu'ils trouveroient dans une conversation ordinaire, & l'envie d'enchérir les uns les autres sur ces expressions muëttes leur fera porter tres-souvent un esprit distrait jusqu'aux pieds des autels. Je say que des Religieux bien pénétrez de l'amour de Dieu, & qui n'ont pour but dans leur solitude que le désir de se sauver, ne tomberont point dans de pareils déréglemens ; mais comme l'Abbé de la Trape ne propose ce remede que pour réprimer la licence des Moines qui portent jusque dans les déserts l'esprit du monde qu'ils font profession de quitter, je ne voy pas qu'il soit fort efficace, & je ne doute point au contraire que le remede ne soit pire que le mal.

PHILANDRE.

On pouroit encore combatre ce principe par bien d'autres raisons, ainsi que plusieurs autres que nous n'avons pas examinez

minez aussi rigidement qu'on l'auroit pû faire; mais Timocrate ne commencez vous pas à vous ennuïer de cette lecture, & à croire que nous trouverons plus de plaisir à faire la mesme promenade que nous fismes hier, qu'a continuër de parcourir ce livre. Aussi bien qu'y verrons nous désormais que nous n'y ayons vû. Ce ne sont que répétitions, que citations ennuyeuses. Et pour une bonne chose qui s'y trouveroit peut-estre, nous coûrrions risque d'y en rencontrer une infinité de mauvaises.

TIMOCRATE.

Ne le courons point je vous en prie, car il seroit inutile pour le dessein que vous aviez de me détromper. Je le suis tellement qu'on ne le sauroit estre davantage: Et je meurs d'impatience d'aller porter les lumiéres que j'ay reçuës de vous chez ceux de mes amis qui en ont besoin, & qui se sont entêtez mal à propos, comme j'avois fait, du livre *des saints devoirs de la vie monastique*. Si je peux me souvenir des deux conversations que nous avons euës ensemble sur ce sujet, je croy que la tentation de les mettre sur le papier, me prendra, tant j'ay esté charmé de tout ce que vous m'avez dit.

PHILANDRE.

Ha ! Timocrate donnez-vous en bien garde, car je vous déclare que je des avouërois cette production, & qu'il nous arriveroit comme à ces deux Abbez qui se sont fait imprimer depuis peu sous le nom de Théophile & de Timoleon, & qui ayant eu un mauvais succez

dans

dans l'impression, se sont brouillez ensemble, chacun refusant d'estre reconnu le pére de l'enfant de peur de passer pour mauvais autheur.

TIMOCRATE.

Vous ne devez pas craindre la mesme destinée, mais en tout cas vous pouriez vous cacher plus facilement qu'eux; car je ne mettrois point vôtre figure à chaque vignette, comme ils ont fait les leurs, afin de joüir du plaisir de se voir imprimez en corps & en ame. Je ne vous désignerois point non plus par une histoire abrégée de vôtre vie, enfin je vous produirois au public véritablement incognito.

PHILANDRE.

Vous avez envie de gémir sous la presse, car vous voiez bien

bien que vous seriez obligé de rapporter nôtre conversation en dialogues, & que comme vous y avez eu autant de part que moy, vous y en auriez autant par conséquent à l'impression.

TIMOCRATE.

Vous ne pouviez m'alléguer une meilleure raison pour m'empescher de publier ce que vous m'avez dit, qu'en m'avertissant que j'estois interressé à la chose. Ainsi dormez en assurance Philandre, vous ne serez point autheur pour cette fois. Mais cependant vous me permettrez toûjours d'écrire ce que j'ay retenu de nôtre entretien, pourvû que je vous proteste qu'il ne sortira point de ma chambre.

PHILANDRE.

Vous serez cause de quelque mal-

malheur Timocrate, & j'en tremble par avance. Vôtre manuscrit tombera par hazard entre les mains de gens qui nous mettront sous la presse, & qui l'orneront d'une mauvaise préface. On aura beau y protester au public que c'est sans nôtre permission qu'on nous imprime, comme on l'a toûjours trompé en préface depuis que le monde est monde, il n'en croira rien, le plaisir de critiquer des critiques luy fera éxaminer à la rigueur jusqu'à nos moindres paroles, & il ne manquera pas sur tout à nous tourner en ridicules sur les louänges que nous nous sommes données un peu trop fréquemment, à moins que vous n'aiez soin d'en supprimer une partie.

TIMOCRATE

Bagatelle ! N'est-ce pas-là l'usage des dialogues, & la louäble coustume de ceux qui en font ? N'a t'il pas esté permis de tout tems aux autheurs de ces sortes d'écrits de s'y donner de l'encens à pleines mains, sans qu'on y trouvât à redire, de se louër sous un nom emprunté, & de s'admirer soy mesme en faisant semblant d'en admirer un autre. Vraîment si l'on ne trouvoit que cela à redire dans l'ouvrage, je le croirois bien parfait, & des aujourd'huy je le donnerois à Barbin. Mais comme je ne me sens pas capable de donner à toutes vos raisons le tour que vous leur avez donné, je craindrois qu'on ne trouvât d'autres sujets de critique dans nos dialogues, & que la forme n'y fit tort à
la

la matiére. Ainſi croyez que j'auray ſoin de cacher l'écrit que je vais faire, & qu'il y aura bien du malheur ſi nous ne nous garentiſſons de l'impreſſion.

FIN.

LETTRE
à
Mr. de S......
Sur les deux dialogues contre l'Abbé de la TRAPE.

Quelques belles raisons que vous emploiiez, Monsieur, pour me rendre complice du dessein que vous avez de faire imprimer les Dialogues qui me sont par hazard tombez entre les mains & que vous m'avez extorquez, je vous déclare que je ne veux point estre de moitié avec vous. Ceux qui les ont composez me sont trop chers pour vouloir ainsi leur déplaire & hazarder leur reputation. Je dis hazarder parce qu'effectivement vous les produisez furieusement negligez & presque en robe de chambre & en bonnet de nuit.

Or vous connoissez assez le goût du public, pour savoir qu'il aime qu'on le respecte & qu'on ne se presente à luy qu'en habit de cérémonie, & qu'il n'a pas plus d'indulgence pour un homme qu'une préface assure qu'on imprime malgré luy que pour un autre qui le fait de son bon gré. Je ne pretens point faire tort à ces deux M^{rs}. en parlant de leur ouvrage comme j'en parle, je connois une partie de l'étenduë de leur esprit & je say ce qu'ils pouroient faire s'ils vouloient s'en donner la peine; mais je say aussi que ce n'est icy qu'une bagatelle qu'ils ont faite pour se divertir tous deux & avec leur promtitude ordinaire : ainsi je me croy presqu'en droit de conseiller qu'on la laisse dans le cabinet.

Ce n'est pas que je n'avouë avec vous que cet ouvrage quoy que peu limé plaira à bien des gens, & qu'il n'y n'y ait des endroits qui méritent d'estre lûs. L'histoire de l'Abbé est agréablement contée, son portrait est naturel, il y a des critiques solides des faits bien justifiez ; mais aussi, il faut en tomber d'accord, ces bonnes choses sont obscurcies par beaucoup d'autres dont les unes méritoient d'estre retranchées & les autres au moins retouchées. Si je ne craignois pas que vous dissiez de moy ce qu'on a dit de l'autheur de la critique de la Princesse de Cleves, qu'on crut qu'il faisoit un sermon quand il divisa son sujet en trois poincts, savoir le stile, l'histoire & les sentimens, je ferois presque une pareille division, si j'osois mesme, je la ferois encore pire & qui sentiroit tout à fait le prédicateur. Car je voudrois raporter mes remarques à deux chefs, aux fautes de commission & à celles d'omission, je veux dire, examiner

1. Les

1. les choses que nos deux critiques ont dites & qu'ils devoient taire, 2. celles qu'ils ont tûës & qu'il ne falloit pas oublier.

Pour commencer par les fautes de commißion, puisqu'il me plaît de me servir de ce terme, je trouve le style de ces Dialogues tantost trop arrangé & tantost trop négligé, & souvent des périodes qui font perdre haleine par leur longueur & qui d'ailleurs sont mal soûtenuës & presque traînantes. On en voit une de cette nature dans le recit de la mort de Madame de M.... Je croy que j'aurois pris plaisir à cet endroit si je ne m'estois pas trouvé sans haleine à la fin, & si j'avois eu la force d'estre bien aise. Il y en a une toute pareille à celle-là dans le mesme dialogue, lorsque l'on fait l'histoire de la décadence de l'ordre monastique. Je pense mesme qu'elle est encore un peu plus longue que l'autre.

Patre. Voila en gros ce que j'ay à dire contre l'élocution. Quand à ce qui regarde le sujet, voicy ce qu'il m'en semble.

1. Je n'approuve point le procez qu'on fait dés le commencement à ceux qu'on a soupçonnez d'estre autheurs des 4 Dialogues imprimez l'année passée chez Cramoisy, & qui s'en sont si bien purgez que le public les en a déchargez & consenty qu'on mit cette production aux enfans trouvez jusqu'a ce que le véritable pére la reclame. On sait bien que celuy qui a composé l'ouvrage les a eus en vuë en écrivant, & qu'il en a fait ses interlocuteurs ; mais il ne s'ensuit point de là qu'ils en soient les autheurs. Outre que je ne voy pas sur quoy fondé le reproche d'irreligion. Il faut des preuves bien concluantes avant de faire une accusation pareille, & je n'ay jusqu'à cy vû personne qui en ait

ait donné. Le voiage que l'un d'eux entreprend pour aller convertir les infidelles des païs les plus reculez le iustifie suffisamment & la conduite réguliére de l'autre ne permet pas qu'on le soubçonne davantage. Le P.173. Pére Simon ne me paroît pas attaqué plus à propos dans le second entretien que ceux-cy dans le premier; & je m'étonne que des gens éclairez comme Timocrate & Philandre s'effarouchent si fort de l'histoire critique du V. T. en la mettant au nombre des livres que les Profanes admirent. Il y a dans ce iugement plus de préiugé que d'éxamen, & je mets en fait que les Libertins ne se sont entêtez de ce livre que parce que de faux dévots leur ont dit qu'il est dangereux & qu'ils l'ont cru bonnement. Car au fond l'Eglise trouve dans les principes qu'il pose autant dequoy appüier ses dogmes que

que dans ceux des autres Docteurs.

2. Je trouve souvent dans ces entretiens des critiques un peu légeres. Ce defaut paroît sur tout dans le premier où à la réserve de quatre ou cinq choses tout le reste semble d'une tres-petite conséquence & quelquefois mesme faussement censuré. On y condamne par exemple l'Abbé, comme d'une faute contre le bon sens, d'avoir dit les régles d'une observance, pag. 43. quoy que cela ne repugne ny à la raison ny à l'usage, puisqu'il n'y a pas plus de mal à dire les regles d'une observance, en prenant le terme d'observance pour un ordre de Religieux, comme il se prend communément, que de dire les régles d'un ordre, expression qui je croy, n'a jamais esté censurée.

3. J'estime qu'il y a trop de digressions pour un si petit ouvrage,

& qu'on y mêle bien des reflexions qui semblent n'y avoir esté mises que par vanité & pour insinuër qu'on étudie le cœur humain & qu'on le connoît. Les louanges que les interlocuteurs se donnent à ce sujet prouvent ce que j'ay avancé, & font voir qu'ils avoient dessein de se montrer réciproquement ce qu'ils valoient, afin d'accroître ainsi l'estime mutuelle qu'ils ont l'un pour l'autre. Or voila de ces choses où le lecteur ne s'interesse jamais. Au contraire elles le chagrinent & l'inquiétent, & quand il tombe sur de pareils endroits il promene viste ses yeux sur le reste de la page pour voir où les éloges finissent & pour recommencer là sa lecture. Vous me direz qu'ils se sont eux-mêmes apperçus de ce defaut & qu'ils ont reconnu qu'ils se loüoient trop fréquemment. Cela est vray, &
c'est

c'est pourquoy j'enblâme davantage Timocrate qui est celui qui écrivoit la conversation, de n'avoir pas supprimé ces endroits-là, & d'avoir eu tant de mémoire qu'il n'a pas oublié une seule des loüanges qu'il à données & qu'il a reçuës. J'adjoûte a cela qu'ils se sont tellement épuisez sur cette matiére, qu'ils sont forcez à se piller l'un l'autre pour se dire quelque douceur. Car tantôt Philandre s'excuse de faire le docteur devant une personne comme Timocrate, & tantôt Timocrate de faire le prédicateur devant Philandre, & tous deux en mesmes termes, tant ils sont à bout d'encens.

p. 67.

4. Je remarque non seulement comme je l'ay desja dit plusieurs critiques peu importantes, mais aussi que les meilleures & les plus considérables ne sont point assez dans tout leur jour & qu'on devoit

par-

particulariser de certains endroi[ts] qui auroient plû si on leur avo[it] donné une juste étenduë, & qu[i] n'ont fait aucune impression su[r] les lecteurs, parce qu'ils ne l'ont pa[s] euë. On peut dire que c'est le dé[-] faut dominant de tout l'ouvrage [:] c'est ce que je vais vous prouve[r] facilement, par toutes les observa[-] tions que je veux ajoûter & qu[i] seront comme des supplémens aux Entretiens.

1. La premiere qui se présente à mo[y] c'est sur le style de l'Abbé qu'o[n] prétend estre un style en partie d[u] monde en partie du couvent, ce q[ui] doit produire un ridicule effet si l'ac[-] cusation est veritable; de sorte qu'[il] estoit nécessaire d'apporter des preu[-] ves. On en pouvoit tirer des en[-] droits où il emploie tout ce qu'il [y] a de termes nouveaux, comme des[-] occupation, messéance, ina[p-] plication, termes qui ont encor[e]

tout

oute l'amertume de la nouveauté & les comparer ensuite à ces phrases pédantes & surannées, d'actions prohibées *par la loy*, de mérite *de la* mansuétude, de manutention *de la discipline*, & plusieurs autres semblables dont il se sert quand il luy plait.

    Ma seconde observation regarde 2. ce qu'ils ont dit dit de la préface du livre du solitaire. Je trouve qu'ils p. 40. ont eu raison de soûtenir qu'il y ment avec audace ; puisque c'est luy-mesme qui a recherché d'estre imprimé : mais ie croy qu'ils ont eu tort d'oublier, en cas qu'ils l'ayent sû, le soin qu'a pris ce Religieux pour l'impression de son livre, les divers voiages que les Libraires ont fait de Paris à la Trape, le chagrin qu'il eut lorsque le bruit se répandit qu'on le critiquoit, les menaces qu'il fit à un Théologien qui avoit écrit contre luy, s'il estoit assez

sez hardy pour publier sa critique, & les précautions qu'il prit à l'Abbaye St. Germain sur un soupçon qu'il eut qu'un des Moines de cette communauté répondoit à son livre. Voilà des circonstances qui ne devoient pas estre omises parce quelles instruisent le lecteur.

3. On auroit dû encore si je ne me trompe, lors qu'on a parlé des sentimens par lesquels il se veut distinguer, remarquer qu'il a toûjours eu cette envie, & qu'aprés en avoir instruit le public par toutes ses actions il en passa sa déclaration dans l'assemblée du Clergé de 1655 par devant Mrs. les Evêques à plusieurs desquels il dit, qu'un homme ne fait rien au monde s'il ne fait parler de luy, & qu'il avoit bien dessein d'y travailler. A quoy il réüssit effectivement, puisque ce fut ensuite de cela qu'il s'intrigua prés de feu Mr. le Cardinal de Retz

On

4. *On ne devoit pas oublier non plus, au sujet de son esprit satyrique, de dire que ce que nous voions de mordant dans l'ouvrage de cet Abbé n'est rien en comparaison de ce qui y auroit esté si Mr. de Reims n'en eut fait retrancher des endroits qui emportoient la piéce, & qui monstrent la malignité de l'autheur & son déchainement contre les moines. C'est ce que je say de bonne part & ce qu'apparemment Timocrate & Philandre ignoroient, puis qu'ils veulent insinuër que les Prélats approbateurs n'ont pas eu le tems de lire tout l'ouvrage, ce qui n'a nulle apparence aprés ce que j'ay dit.*

5. *Il eût fallu aussi raporter quelques endroits particuliers pour faire mieux connoistre cet esprit aigre qu'on luy reproche si justement, on eût pû trouver un témoignage à la page 238. lors qu'il dit,* La profession monastique est toute défigu-

figurée, elle a perdu les principaux traits de sa prémiére beauté, & sans parler de ces moines qui vivent dans une licence toute publique, les autres ont beau faire pour se donner du relief, & de la distinction, (*cette phrase est de la façon de l'Abbé se donner de la distinction*) à peine seront ils jamais les ombres de ceux qui les ont précédez. Sauroit-on dire rien de plus offençant contre les moines & faire une horoscope plus chagrinante? Si l'on répond à cela qu'il a parlé en general de l'ordre monastique, & qu par conséquent ses religieux y sont compris comme les autres Je dis alors que c'est ajouter un second defaut au premier qui se rencontroit desia dans cette déclamation & que c'est joindre une contradiction à une raillerie sanglante ; puis qu'aprés le beau portrait qu'il a fait de ses moines, & le recit de leurs dernières heures qu'il a tant de soin de publier, on ne peut pas dire qu'ils ont travaillé en vain à se donner du relief, sur tout quand on pense quils ont porté la crainte d'offencer Dieu à un tel point de perfection, qu'un d'eux ne voulut jamais, comme je croy l'avoir lû dans la mort de quelques moines de la Trape, prendre un jour du jus de pruneaux qu'on luy présenta pendant sa maladie, de peur disoit-il d'en rendre conte au jour du jugement.

 On pouvoit ainsi joindre diverses contradictions à celle là, & n'oublier pas celle qui est à la page 135. car elle mérite assurément d'estre remarquée, c'est lors qu'il dit qu'il est quelquefois nécessaire que les fréres ayent des conferences publiques, ce qui renverse desja tout ce qu'il avoit avancé de

6.

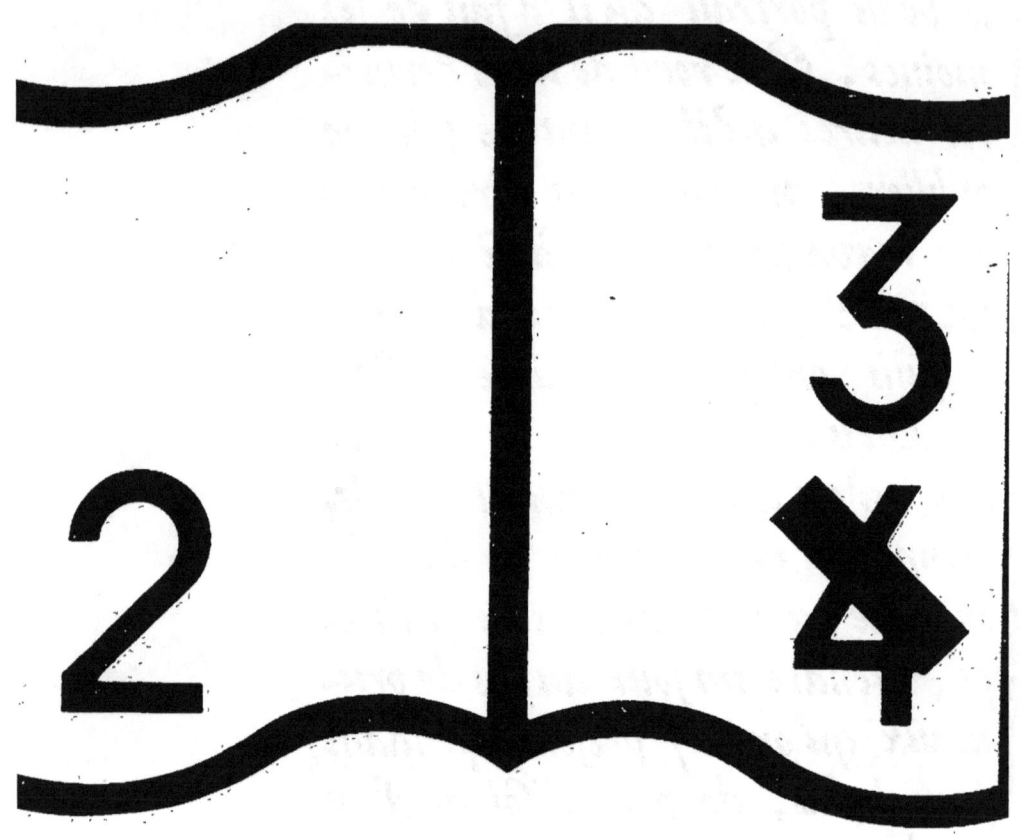

Pagination incorrecte — date incorrecte

NF Z 43-120-12

figurée, elle a perdu les principaux traits de sa prémiére beauté, & sans parler de ces moines qui vivent dans une licence toute publique, les autres ont beau faire pour se donner du relief, & de la distinction, (*cette phrase est de la façon de l'Abbé* s *donner de la distinction*) à pein[e] seront ils jamais les ombres d[e] ceux qui les ont précédez. *Sau[-] roit-on dire rien de plus offençan[t] contre les moines & faire une horos[-]cope plus chagrinante? Si l'on répond à cela qu'il a parlé en genera[l] de l'ordre monastique, & qu[e] par conséquent ses religieux sont compris comme les autre[s]. Je dis alors que c'est ajoûte[r] un second defaut au premie[r] qui se rencontroit desia dan[s] cette déclamation & que c'es[t] joindre une contradiction à u[ne] raillerie sanglante ; puis qu'apr[ès]* le beau portrait qu'il a fait de ses moines, & le recit de leurs derniéres heures qu'il a tant de soin de publier, on ne peut pas dire qu'ils ont travaillé en vain à se donner du relief, sur tout quand on pense quils ont porté la crainte d'offencer Dieu à un tel point de perfection, qu'un d'eux ne voulut jamais, comme je croy l'avoir lû dans la mort de quelques moines de la Trape, prendre un jour du jus de pruneaux qu'on luy présenta pendant sa maladie, de peur disoit-il d'en rendre conte au jour du jugement.

On pouvoit ainsi joindre diverses contradictions à celle là, & n'oublier pas celle qui est à la page 135. car elle mérite assurément d'estre remarquée, c'est lors qu'il dit qu'il est quelquefois nécessaire que les fréres ayent des conferences publiques, ce qui renverse desja tout ce qu'il avoit avancé de

6.

K la

la nécessité du silence perpétuël, mais cela n'est rien en comparaison de ce qui suit, il faut *adjoûte-t'il parlant de ces conversations, que les matiéres en soient affectives, qu'elles soient prises de ce que l'on trouve de plus vif & de plus touchant dans la lecture des SS. Péres. Cette contradiction est terrible*, il a conclu auparavant *que les moines ne s'attacheroient point à la lecture, parce qu'il y avoit du danger dans celle des choses les plus saintes, & que le supérieur mesme pourroit fort bien imiter l'ignorance des Antoines & des Hilarions*, & il veut à présent que les moines ne parlent que de ce qu'il y a de plus beau dans les Péres, s'ils ont le don de deviner à la bonne heure, mais s'ils ne l'ont pas, je les tiens bien embarrassez. Apparemment que Dieu pour recompenser leur sainteté dés cette vie, leur revéle

véle tout ce qu'il y a de plus beau dans les livres : certes il y a du plaisir à estre saint à ce prix-là. Si tout le monde avoit comme cela des revélations on ne verroit plus ces Mrs. les Savans faire tant les rencheris, & ils ne nous viendroient plus morguer, parce qu'ils ont esté assis plus long-tems contre une table, qu'ils ont plus tourné de feuillets, plus promené leurs yeux, & plus chargé leur mémoire au grand scandale du jugement qui trouve peu son conte dans ces nobles travaux ; ils ne nous viendroient dis-je plus insulter, puisque sans nous donner aucune peine nous parlerions aussi bien qu'eux de tout ce qu'il y a de meilleur dans les livres.

A propos de cette contradiction sur le silence, il eût fallu parler d'une des raisons que l'Autheur allégue pour établir la perpétuité du silence. C'est dit il, tom. 2. pag. 124.

7.

qu'aqu'alors les supérieurs ne trouveront jamais d'opposition à ce qu'ils voudront établir pour la conservation du bien & pour la perfection des fréres. Car quand mesme il y en auroit quelqu'un qui ne seroit pas de son avis, il n'osera faire paroître son sentiment, de crainte qu'aucun de ses fréres ne l'appuïe. *Cette maxime est bonne pour régner, parce que comme en gardant un silence perpétuël on ne s'opposera point à la conservation du bien; on ne s'opposera point aussi à l'établissement d'un mal de peur de n'estre soûtenu d'aucun des fréres, & d'encourir seul l'indignation du Supérieur:* car il faudroit être bien hardy & terriblement inspiré de zéle pour oser dans une conférence publique où l'Abbé sera présent exposer ce qu'on trouve de déréglé dans sa conduite. Si l'on pouvoit

voit établir un ordre semblable dans un état, tout n'en iroit que mieux. Les femmes à la vérité perdroient beaucoup à ce réglement, mais elles auroient bientôt rétably quelque signe qui feroit le même effet que la parole.

Lors que nos Critiques ont parlé de discours mal lié dans le 2. dialogue, je croy qu'ils devoient remarquer que l'Abbé de la Trape est un fort mauvais logicien, & qu'on ne peut tirer plus mal une conséquence qu'il en tire quelquefois. En voicy une entre les autres qui m'a frapé sensiblement. tom. 2. pag. 358. Aprés avoir allégué un nombre de Saints dont Dieu a prolongé la vie malgré leurs austéritez, & d'autres dont il a rendu les noms célébres dans tout le monde, ce qu'il ne conte pas pour peu de chose, il conclut ainsi, d'où l'on peut inférer avec certitude, qu'il est permis sans blesser sa conscience d'entreprendre des austéritez qui abrégent la vie, puisque Dieu ne peut approuver ni authorizer le péché. Quelle étrange conséquence, par ce que le nom de quelques personnes est devenu celebre dans le monde leur conduite a esté agréable à Dieu, & ils n'ont point péché pour aquérir ce renom; ou parcequ'il a prolongé leur vie on doit croire qu'il a approuvé leurs actions. En vérité ces signes d'approbation me semblent bien équivoques. Dieu n'en a pas plus approuvé, si je ne me trompe, les injustes conquestes d'Aléxandre pour avoir rendu son nom immortel parmy les hommes, ny plus chéry l'imposteur Apollonius de Thiane pour l'avoir laissé vivre cent ans, comme a écrit Philostrate en la vie de ce méchant homme. Mais parce qu'on pouroit

roit dire qu'Aléxandre & Apollonius qui nous servent d'éxemple n'ayant point eu Dieu en vûë dans leurs actions, on ne peut pas attribuer les heureux événemens de leur vie à une tendresse particuliére du Créateur envers eux ; je veux bien me servir d'une autre comparaison, quoy que je puſſe faire voir que ma premiere est hors de toute exception, puisque le principe de la proposition, pour parler en termes de philosophie, estant general peut par conséquent s'étendre à toutes sortes de sujets de mesme genre. Suppoſons donc un homme imbu de cette maxime qu'on doit méprifer la vie, abreger les chemins qui conduisent à l'eternité & servir d'exemple aux siécles à venir par des sentimens de haine pour le monde & de desir d'aller à Dieu, & qui pour réüssir dans ce proiet se précipitepiteroit du haut d'une tour, & qui par hazard vivroit encore long-tems aprés cela, croiroit-on que Dieu auroit approuvé son action & qu'elle ne seroit pas un péché, parce qu'il auroit permis que cet homme vêquit plusieurs années, & qu'il eût fait parler de luy. Peu de gens de bon sens diroient ouy à cette conséquence; cependant elle est toute semblable à celle de l'Abbé de la Trape.

Je suis surpris que les autheurs des deux entretiens en critiquant la fausse éloquence de l'Abbé n'ayent rien dit d'une description puerile de l'enfer laquelle il fait à ses religieux, elle monstre bien un homme qui ne cherche qu'à parler en entassant terme sur terme sans prendre garde à ce qu'ils signifient, c'est au chap. 13. du premier volume, où dépeignant un solitaire qui pense toûjours aux jugemens de Dieu il dit

dit qu'il se représente ces flames de feu, ces abîmes soûterrains, ces ténébres affreuses, & ces descentes obscures toutes prêtes à recevoir ceux qui y seront précipitez. *On ne sauroit guére imaginer un discours moins arrangé & plus vuide de sens commun. Les flames de feu, les abîmes soûterrains, les ténébres affreuses, les descentes obscures ne peuvent là signifier qu'une même chose, mais il y a de plus un certain renversement d'ordre contre toutes les régles, & qui donne lieu de penser que les visions de ce bon moine estoient aidées d'un transport au cerveau. Il se represente dans l'enfer, dans les flames, & tout d'un coup comme s'il avoit oublié qu'il y est desia, il pense aux descentes obscures par où l'on y va, & y pense toûjours en homme qui a la fiévre & qui rêve. Car il s'imagine que les descentes*

sont

sont prêtes à le recevoir, comme s'il devoit séjourner par les chemins, quoy que d'ailleurs il croye qu'il sera précipité, ce qui fait deux idées bien differentes ; car s'il descend il ne sera pas précipité, ou s'il est précipité il ne descendra pas, puis qu'on ne peut dire d'un homme qui est forcé à se jetter du haut d'un rocher qu'on la fait descendre ou qu'on la reçû dans les descentes. Je ne saurois m'imaginer que de semblables descriptions soient propres à effraier une ame, & j'en connois plus de quatre que cette peinture à réjoüies. Un de mes amis me soutenoit dernièrement qu'elle est tirée d'une des comedies de Molière où Arnolphe fait à Agnés le mesme portrait quand il luy parle des supplices destinez en l'autre vie aux femmes qui s'émancipent en celle-cy. Il adoûta mesme fort plaisamment qu'il y avoit trouvé tant de
con-

conformité qu'il ôta aussi comme Arnolphe son chapeau a la fin de cet endroit en disant de mesme que luy

Dont vous veüille garder la celeste bonté.

Nos Critiques ont encore omis une circonstance digne d'être raportée lorsqu'ils ont censuré l'endroit où l'Abbé assure que luy & ses Religieux ne pensent plus au monde que pour en pleurer les misères, & qu'ils savent si peu ce qui s'y passe qu'ils ignorent jusqu'aux noms de ceux qui le gouvernent. Car ils devoient remarquer alors que le bon Abbé en fait de temps en temps des nouvelles, & qu'une preuve de cela c'est qu'il n'y a pas longues années qu'il instruisit par une Lettre fort ample plusieurs de ses amis avec lesquels il a commerce, de ses sentimens sur le Carthesianisme & le Jansenisme, d'une manière à faire croire qu'il savoit ce qu'on disoit

soit de part & d'autre & qu'il n'estoit pas tout à fait ennemy des nouveautez. Cette remarque est d'autant plus utile qu'elle fait voir que cet Abbé se moque des préceptes qu'il donne à ses moines. Il ne veut pas seulement qu'ils écrivent à leurs peres pour les consoler, ou pour les exhorter à la pieté, & luy se donne la liberté d'agiter les questions du tems dans ses lettres, & de faire voir qu'il entend la nouvelle philosophie, & qu'il approuve le Jansenisme. La lettre est entre les mains d'un prêtre de l'Oratoire qui demeuroit l'année passée à Roüen, & qui en est party depuis trois ou quatre mois.

Je m'arreste icy, Monsieur, car je sens bien que pour peu que je voulusse donner l'essor à ma plume, elle écriroit un livre sur cette matiére, & je vous proteste que je ne veux point en faire. Je laisse aux
Ari-

Aristarques du siecle à réformer les ouvrages du solitaire de la Trape. Je regarderay avec plaisir la guerre qu'on fera à ce reformateur, pourvû que je ne sois point dans la mêlée. Je n'ay jamais attaqué personne la plume à la main, j'ay encore mon innocence baptismale à cet égard là, je la veux conserver le reste de ma vie. Ne monstrez je vous prie ma lettre à personne, & n'allez pas dire à la bonne Madame de la Riviére que je trouve aussi à redire à ce que fait l'Abbé de la Trape, elle ne me le pardonneroit jamais. Les gens qui se sont divertis quand ils ont pu & qui se jettent dans la dévotion quand il ne sont plus bons à rien ne peuvent souffrir qu'on attaque ceux qui leur ont ressemblé & qui ont pris le party du chapelet, quand ils n'en pouvoient plus prendre d'autre, parce qu'ils croyent toujours que cela les regarde. Or imaginez

nez vous quel chagrin on a quand avec l'impossibilité de pecher on ne peut avoir la reputation que d'estre sage par force. Je suis vôtre tres-humble & tres obeïssant serviteur.

Principales fautes à corrger.

Pag. 2. entetenir.   lis. entretenir.
p. 6.   jonts   lis. joints,
p. 10. colomnie   lis. calomnie
p. 11. d'Aucoux   lis. d'Aucour.
p. 39. jnsiuner   lis. insinûër
p. 49. s'interrester lis. s'interrester
p. 55. onçois   lis. concois.
p. 93. des   lis. les.
p. 111. d'entendre.   lis. d'étendre.
p. 114. embras.   lis. embaras.
p. 142. Lannoy.   lis. Launoy
p. 155. repandu.   lis. répandu.

www.ingramcontent.com/pod-product-compliance
Lightning Source LLC
Chambersburg PA
CBHW071858160426
43198CB00011B/1152